AF325180

COUSTUMES

DES PAYS, COMTE'

ET BAILLIAGE DU GRAND PERCHE,

& des autres Terres & Seigneuries
regies & gouvernées selon iceux.

*Imprimées sur l'Original signé & seellé du seel de
Messieurs les Commissaires qui ont procedé
à la redaction d'icelles Coustumes.*

Avec les Apostilles de Maistre Charles du Moulin & autres,
contenans plusieurs Arrêts donnez en interprétation des
Articles desdites Coustumes, & autres pareilles.

*Nouvelle Edition, augmentée de nouvelles Observations & d'une
Table des Matieres.*

A CHARTRES,

Chez Nicolas Doublet, Libraire ruë des Changes,
aux Armes de la Ville.

M. DCC. XXXVII.

AVEC PRIVILEGE DU ROY.

On trouve chez le même Libraire
les Coùtumes de Montfort, Château-
Neuf, Eſtampes, & en peu celles de
Chartres & Dreux.

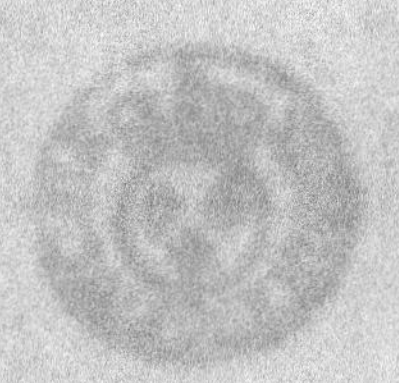

AVIS
DU LIBRAIRE.

EN donnant au Public les Coûtumes de Chartres, Château-Neuf, Dreux & Montfort, je me suis trouvé engagé d'imprimer celles du Grand-Perche, qui est devenuë très-rare & qui s'étend jusqu'à cinq lieuës de Chartres. J'ai suivi l'Edition de 1621 commentée par Mr. Bri & qui est des plus estimée. Pour rendre cet Ouvrage plus utile, je me suis informé à Bellême, Nogent le Rotrou & Mortagne, & à plusieurs Avocats du Parlement qui sont au fait de cette Coûtume, s'il y avoit eu quelque changement soit dans la disposition de la loi soit dans l'usage. Tous m'ont assuré qu'il n'y en avoit eu aucun, Mr. le Lieutenant General de Bellême m'a fait aussi l'honneur de m'indiquer des Remarques, ausquelles j'ai eu recours, & que j'ai mises à la page 63 & suivantes sous le titre de *Nouvelles Observations* ; j'ai ajouté une Table des Matieres très-ample & très-correcte.

NIC. GOLETII NOGENTÆI

EPIGRAMMA.

ROma potens graias exactis regibus olim
  Adscivit leges, scriptáque jura sibi.
Bissenas bis quinque viri sanxere tabellas,
  Tres missi ad Græcos, has sibi qui peterent,
Pertica sic tellus, mores exosa vetustos
  Optabat scriptis legibus institui,
Vulgus ut incertis incertum moribus, uti
  Jam positis certis legibus inciperet.
Nunc Tullus, Faïus, Violus, tria lumina legum,
  Has fixêre, malis moribus exitium.
Jam licet exclament, quos hæc habet ora, Co-
  loni,
  Nobis est bona lex moribus orta malis.

REMIGII BELLEI NOGENTÆI

EPIGRAMMA.

Τὼ δ' ἐθέωντε νόμων τε γραφὴν ἀνέθηκε Νόγεντον
  σοὶ μεγάλου σεμνὴ παῖ κρονίδαο δίκη.
ξυνὰς γὰρ ἔτ' ἀμφήριστα πόλιν συνέχουε θεμιστέων
  τάγματα, λοξοδίκαις ἀνδράσι πειθομένω·
νῦν δ' ἐπεὶ ἐξ ἀγράφων γραπτοῖς ἐχαρίσαο πρόφρων
  ἄμμι νόμοις, στυγερὰς τηλόσ' ἀλιτροσύνας.
ἐξέβαλες πόλεως, ἧ δ' οὗ τεὸν ὄμμα φαεινὸν
  τρέψας, ἐμῆς γλυκερᾶς κηδομένη πατρίδος.
οὐδὲ δικορραπτῇσι τόδ' ἔω φίλον, ἀλλὰ γένοιο
  δὶς μεμένησα κακοῖς τοῖς δ' ἀγαθοῖσι φίλη.

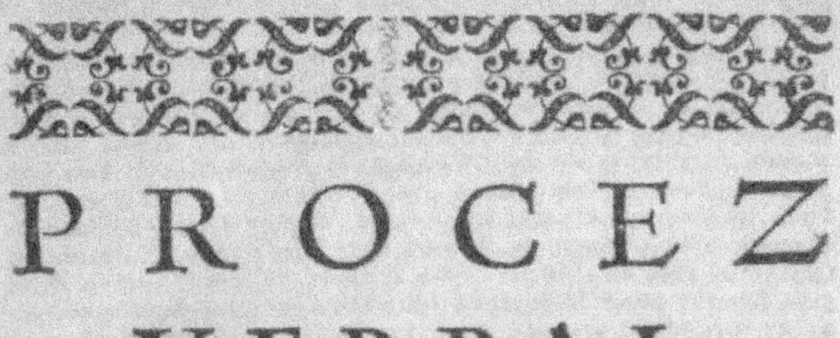

PROCEZ
VERBAL.

L'An mil cinq cents cinquante huict, le Mercredy vingtiesme
jour du mois de Juillet, Nous Christofle de Thou Presdent,
Barthelemy Faye, & Jacques Viole Conseillers du Roy en sa Cour
de Parlement, sommes arrivés à Nogent le Rottou, lieu ordonné
par ledit Seigneur, pour en iceluy estre par nous procedé à la redaction des Coustumes des Païs, Comté & Bailliage du grand Perche,
suivant les Lettres patentes dudit Seigneur à nous addressées, desquelles ensemble de nos Lettres de commission la teneur ensuit.

HENRY par la grace de Dieu Roy de France : A nos amez & feaux
Maistres Christofle de Thou President, Barthelemy Faye Conseiller en
nostre Cour de Parlement à Paris, & Gilles Bourdin nostre Advocat en
ladite Cour, Salut & dilection. Comme en ensuivant les vestiges de feuz
nos tres-honorez Seigneurs pere, ayeul & autres nos predecesseurs Roys
de France, pour le soulagement de nos subjects, & obvier aux inconveniens qui journellement adviennent par defaut de ce que plusieurs Coustumes en diverses Provinces & Sieges de nostre Royaume,
ressortissans par appel en nostredite Cour de Parlement, n'ont encores esté redigées & arrestées : ou si elles ont esté redigées ou arrestées, les procez verbaux des Commissaires, qui par nosdits predecesseurs Roys ont esté à ce faire commis & deputés, auroient esté perdus.
Au moyen de quoi nosdits subjects seroient tombez en grandes lon-
gueurs & involations de procés, confusion, difficultés, & despenses
de faire preuve par turbes des articles desdites Coustumes, desquelles
dépendoit la décision de leursdits procés. A ceste cause vous avons
n'aguere commis pour reduire & arrester les Coustumes du Bailliage
de Sens & anciens ressorts d'iceluy. A quoy auroit esté procedé par
deux de vous, & nostre amé & feal Maistre Christofle de Harlay,
lors Conseiller, & à present President en nostredite Cour, à ce par
nous commis & deputé pour l'empeschement du tiers Et depuis ayant
entendu que les Coustumes de nos Bailliages de Vermandois, de
Montfort, Mante, Meulant & Estampes, n'auroient encor esté re-
duites & accordées, & que les procez verbaux des Coustumes de la
Seneschaussée de Poictou & Bailliage d'Auxerre auroient esté perdus, dont s'ensuivent journellement les inconveniens cy-dessus men-
tionnez.

SÇAVOIR FAISONS, que nous desirans pour le bien & soulagement
de nosdits subjects, lesdites Coustumes & celles des autres Provinces, ressortissant en nostredite Cour, qui n'auroient encores esté redigées & arrestées, ou si elles avoient esté redigées, neantmoins
les procez verbaux d'icelles auroient esté perdus, estre de nouvel

a

par vous de Thou, Faye & Bourdin, nos Président, Conseiller &
Advocat susdits ou deux de vous, pour le défaut & empeschement
du tiers (pourveu que vous de Thou Président y puissiez assister)
redigées & arrestées. Vous mandons & commandons, qu'ayez à vous
transporter en la Ville de Laon, capitale dudit Bailliage de Vermandois, ou en la Ville de Reims, ainsi qu'il sera advisé pour le
mieux, pour le regard dudit Bailliage de Vermandois & és autres
Sieges capitaux & convenables pour le regard des autres Provinces.
Pour illec faire convoquer & assembler les gens des trois Estats de
chacune desdites Provinces, lesquels à ce faire seront contraincts. A
sçavoir les gens d'Eglise par prinse & saisie de leur temporel, & les
gens lais par prinse & saisie de leurs biens meubles & immeubles :
Et ce nonobstant oppositions ou appellations quelconques, & sans
préjudice d'icelles : en presence & du consentement desquels, vous
enjoignons de rediger & accorder, & (si besoin est) moderer, corri-
ger & abroger lesdites Coustumes ou parties d'icelles, & faire vos
procez verbaux des débats & oppositions qui seront faictes, en procedant par vous à la redaction & accord d'icelles en la maniere
deuë & accoustumée. Pour lesdites Coustumes ainsi redigées, accordées & moderées (comme dit est) estre publiées & enregistrées
esdicts Bailliages, & d'oresnavant gardées & observées comme Loy
& Edict perpetuel & irrevocable. De ce faire vous donnons pouvoir, authorité, commission & mandement special. Mandons &
commandons à tous nos Justiciers, Officiers & Sujects que à vous
en ce faisant soit obéy. Donné à Paris le dix neuviesme jour d'Aoust,
l'an de grace mil cinq cens cinquante-six. Et de nostre Regne le
dixiesme. Signé par le Roy en son Conseil, Huraut, & scellée de
cire jaune sur simple queuë.

HENRY par la grace de Dieu Roy de France : A nostre amé
& feal Maistre Jacques Viole Conseiller en nostre Cour de Parlement à Paris, Salut. Comme pour le faict de la redaction des Coustumes de nos Bailliages, Prévostez, & Senechaussées de Vermandois, Auxerre, Montfort, Mante, Meulant, Estampes & Poictou :
& generalement de toutes les autres Coustumes des Provinces &
Sieges Presidiaux ressortissans par appel en nostredite Cour de Parlement, qui n'ont esté par cy devant accordées & arrestées, ou desquelles (si accordées & arrestées ont esté) les procez verbaux sont
perdus & adirez, ayons commis nos amez & feaux Maistres Christofle de Thou Président, Barthelemy Faye Conseiller en nostredite
Cour de Parlement, & Gilles Bourdin nostre Advocat en icelle,
comme plus amplement est contenu en nos Lettres Patentes sur ce
données à Paris le dix neuviesme jour d'Aoust dernier. Et depuis
ayons deschargé ledit Bourdin de ladite commission, auquel avons
enjoint vacquer à autres nos affaires en nostredite Ville de Paris.
Pource est-il que nous vous avons commis & commettons au lieu
dudit Bourdin, pour avec lesdits de Thou & Faye vacquer à la redaction desdites Coustumes, tout ainsi qu'eust faict ou peu faire
ledit Bourdin, & comme mandé lui estoit par nosdites Lettres.
De ce faire vous donnons pouvoir, authorité & mandement special par ces presentes. Donné à Vauluysant le quinziéme jour de
Septembre, l'an de grace mil cinq cens cinquante-six. Et de nostre Regne
le dixiesme. Ainsi signé par le Roy, Clausse, & scellée à simple queuë
de cire jaune.

HENRY par la grace de Dieu Roy de France, à nos amez &
feaux Conseillers les gens tenans nostre Cour de Parlement de Paris,
Salut & dilection. Nous avons cy devant commis nos amez & feaux

Maistres Christofle de Thou Président, Barthelemy Faye, & Jacques Viole Conseillers en nostredite Cour de Parlement, pour mettre & rediger par escrit & faire publier les Coustumes du Bailliage & Comté du Perche, & sur ce faict expedier nos lettres patentes, lesquelles ils n'ont encore peu executer ne vaquer à la publication d'icelles Coustumes, pour les empeschemens qu'ils ont euz pour le service qu'ils sont tenus faire en nostredite Cour. Et aussi que par les lettres de leur commission, n'est porté en quel lieu se fera l'assemblée des subjects desdites Coustumes, à quoy nous desirons pourveoir. A cette cause avons permis & permettons ausdits de Thou Président, Faye & Viole Conseillers respectivement, qu'ils puissent desemparer nostredite Cour, durant le tems qu'ils vacqueront à la rédaction desdites Coustumes. Voulons & nous plaist que la convocation & assemblée desdits subjects & publication desdites Coustumes soit faicte & tenuë au bourg de Nogent le Rotrou, assis audit Bailliage & Comté, au lieu le plus commode qu'il sera advisé. Sans toutesfois que l'Election dudict lieu puisse aucunement préjudicier aux droicts & prérogatives des Villes de Bellesme & Mortaigne assises audict Bailliage. Si vous mandons, commettons & enjoignons par ces presentes, que de nostre presente permission & contenu cy dessus vous faictes, souffrez & laissez lesdits de Thou Président, Faye, & Viole Conseillers, & chacun d'eux durant ledit temps jouyr & user plainement, & paisiblement, sans leur faire, mettre ou donner aucun trouble ou empeschement, car tel est nostre plaisir. Nonobstant quelsconques Edicts, ordonnances, restrinctions, mandemens, défenses & Lettres à ce contraires. Donné à Paris le dix huictiesme jour d'Aoust l'an de grace mil cinq cens cinquante huict aprés Pasques. Et de nostre regne le douziesme. Ainsi signé, par le Roy, vous Monsieur le Cardinal de Sens, Garde des Sceaux de France present. De Lomenie. Et scellée de cire jaune à simple queuë.

Christofle de Thou Président, Barthelemy Faye & Jacques Viole Conseillers du Roy nostre Sire en sa Cour de Parlement à Paris, au Bailly du Perche ou son Lieutenant general audit Bailliage, Salut. Comme il ait pleu au Roy par ses Lettres Patentes, datées du dix-huictiesme du mois d'Avril dernier passé, & pour les causes y contenuës, nous commettre & députer pour proceder à la redaction des Coustumes dudit Bailliage du Perche & de toutes les Terres & Seigneuries qui se gouvernent selon les Us & Coustumes d'iceluy Bailliage, desquelles par cy devant l'on souloit informer par turbes, ainsi qu'elles seront arrestées & accordées par les gens des trois Estats du Pays & par leur advis. A ce que plus aisement & commodement il soit procedé à l'execution & accomplissement du vouloir dudit Seigneur. Vous mandons & en vertu du pouvoir à nous donné, enjoignons & ordonnons que incontinent ces presentes receuës, appellez les Officiers dudit Seigneur audit Bailliage du Perche, Baillis de Nogent le Rotrou, S. Denys, & Officiers dudit Nogent, & autres que pource faire verrez estre à appeller, vous ayez à vous assembler au lieu dudit Nogent le Rotrou, & en l'assemblée qui sera faite audit lieu choisi & esleu pour cet effect seulement, mettre & rediger par escrit les Coustumes dudit Bailliage, ressorts, Terres & Seigneuries qui se gouvernent selon icelles, pour les rapporter au jour assigné, sans aucunement préjudicier à la prérogative & préeminence des Sieges de Bellesme & Mortaigne, suivant le contenu és lettres de commission à nous addressantes. Vous mandons & ordonnons en outre, qu'ayez à faire donner assignation aux gens desdits trois Estats du pays, sçavoir est de l'Eglise, de la Noblesse, & du tiers Estat, afin de se trouver

audit Nogent le Rotrou, au 21. jour de Juillet prochainement
venant. Pour audit jour & autres subsequents par leur advis estre
procedé à la redaction, arrest, & publication desdites Coustumes,
ainsi qu'il se devra faire par raison. De ce faire vous donnons
pouvoir, mandons & commandons à tous les Justiciers Officiers
du Roy nostredit Seigneur, qu'à vous en ce faisant soit obéy.
Donné à Paris sous nos seings & scels, le 11. jour de May 1558.
Ainsi signé, De Thou, Faye & Viole. Et scellée de cire rouge à
trois sceaux.

Et le lendemain 28. jour desdits mois & an, estans au logis de
Maistre Pierre Durant, Bailly de S. Denys dudit Nogent (où estions
logez) nous fut par Maistre Jacques Courtin Bailly du Perche,
en presence de plusieurs Officiers dudit Bailliage, presenté certain
Livre de papier relié en parchemin, contenant plusieurs rubri-
ches & articles, qu'ils nous ont dit estre les Coustumes dudit
Pays & Comté du grand Perche, redigées par plusieurs Officiers
& Praticiens dudit Bailliage, pour se faire assemblez audit lieu de
Nogent.

Et le lendemain, jour & Feste de la Magdalaine, estans en la
Salle du Prieuré Doyenné de S. Denys, seroient venus par devers
nous ledit Bailly du Perche, Maistres François Brisart, & François
Creste, ses Lieutenans particuliers aux Sieges de Bellesme & Mor-
taigne, Richard Labbé Vicomte du Perche, Jean Abot Lieutenant
general dudit Vicomté, Galeran du Fay, & Michel Robart Lieutenant particulier dudit Vicomté, aux Sieges desdits Mortaigne &
Bellesme, Jean de Surmont & Joseph Brisart Advocats du Roy
ausdits Sieges de Mortaigne & Bellesme, Garian de la Bretonniere,
& Charles Crestot Substituts du Procureur general du Roy ausdits
Sieges de Bellesme & Mortaigne, ledit Durand, Nicolle Goullet
Procureur fiscal de la Baronnie dudit Nogent, & plusieurs Officiers
& gens tant de l'Estat de l'Eglise, que de la Noblesse, & Praticiens desdits Sieges. Ausquels remonstrasmes qu'ayans leu ledit cahier à nous le jour de devant presenté, avions trouvé icelui n'estre couché & digeré en bons termes & ordre convenable: & aussi
qu'il y pouvoit avoir obmission de plusieurs articles, qui journellement viennent en usage, à quoy estoit besoin de pourvoir. Qu'à
ceste cause ils s'assemblassent & advisassent entre eux à nous rapporter tout ce qu'ils trouveroient avoir esté obmis audit cahier, &
pouvoit tomber en usage. Ce qu'ils auroient promis de faire, se
rapportans au surplus à nous de coucher & rediger lesdites rubriches
& articles en tel ordre & langage que verrions estre convenable.
Aussi leur avons enjoint de pourvoir en chacun des Estats d'E-
glise, Noblesse & tiers Estat, d'homme de conseil, pour par l'or-
gane d'iceluy estre proposé ce que chacun desdits Estats auroit advisé devoir estre deduit & remonstré, ce que pareillement ils ont promis de faire.

Et le Samedy 23. dudit mois, nous sommes transportez au Chapitre dudit Prieuré Doyenné dudit S. Denys, lieu esleu & preparé,
pour par nous estre procedé à la redaction desdites Coustumes. Auquel
lieu, aprés que de nostre Ordonnance a esté faite lecture par le Greffier à ce commis, des Lettres de nostre Commission, a esté par ledit Maistre Jean de Sourmont, assisté desdits Brisart, de la Bretonniere &
Crestot, dit & remonstré, que suivant le vouloir du Roy & en
vertu desdites Lettres de commission, adjournement avoit esté fait,
& assignation donnée aux gens des trois Estats dudit Pays & Comté
du Perche, audit jour 23. dudit mois de Juillet, & autres jours en-

suivans, à comparoir audit lieu de Nogent le Rotrou, par devant nous, requerans qu'ils fussent appellez. Ce qu'avons ordonné estre fait par ledit Greffier, & ont comparu & se sont presentez ceux qu'y s'ensuivent.

Et premierement, pour l'Estat d'Eglise, Reverend Pere en Dieu, Messire Charles Guillard Evesque de Chartres, par M. Pierre Durand. Les Doyen, Chanoines & Chapitre de l'Evesché dudit lieu, par M. Jean Musnier, l'un desdits Chanoines. Reverend Pere en Dieu, Messire Charles d'Angennes Evesque du Mans, par ledit Musnier, assisté de M. Nicole Goullet. Reverend Pere en Dieu, Messire Pierre du Val Evesque de Sées, par M. Loüis Petitgars. Le Reverendissime Cardinal du Bellay Abbé de Thiron, pour raison de ce qu'il tient audit Comté, à cause de ladite Abbaye de Thiron, par M. Loüis Pellé. Le Reverendissime Cardinal de Tournon, Abbé de S. Lomer de Blois, par M. Mathurin Ferrand. Reverend Pere en Dieu, Messire Loüis Guillard, à present Evesque de Châlon sur Saone, auparavant Evesque de Chartres, par reserve Apostolique Seigneur de Pont-Goüin, Terre & Seigneurie Episcopale dudit Chartres, par M. Jacques Hebert, assisté dudit Goullet. Reverend Pere en Dieu, Messire Jean des Ursins Evesque de Lantriguier, Prieur, Doyen de S. Denis de Nogent le Rotrou, & à cause dudit Doyenné, Seigneur temporel en partie dudit Nogent, & encores comme Abbé de la Pelisse, pour les Terres qu'il tient audit Comté, par ledit Durand. Les Religieux, Abbé & Convent d'Arcisses, par Guillaume Broüart, assisté de M. Hubert Landays. Les Religieux, Abbé & Convent de la Trappe, par ledit Durand. Les Religieuses, Abbesse & Convent de Clerets, par ledit Durand. Les Religieux, Abbé & Convent de Nostre-Dame du Val-Dieu, par ledit Ferrand. Frere Jean Bourbaillon Prieur du Prieuré Conventuel de S. Martin du vieil Bellesme, & les Religieux dudit Convent, par M. Sebastien Maçon leur Procureur & Receveur. Les Religieux, Prieur & Convent de Moustiers, par M. Nicolas Neveu, Bailly dudit Moustiers. Les Religieux, Prieur & Convent de Caterage, par ledit Broüart. Les Religieux, Prieur & Convent de Memers, par M. Jean Boussart. Les Religieux, Prieur & Convent de Chesnegalon, par M. Jean Denisot. Les Religieuses de saincte Claire de Mortaigne, par ledit Ferrand. M. Guillaume Abot Docteur és droicts, Conseiller & Maistre des Requestes des Roy & Royne de Navarre, comme Prieur Commandataire du Prieuré de saincte Gauburge, par M. Jean Guinet son Procureur fiscal. Maistre Jean Abot Archidiacre de Corbonnois, Doyen de Mante, comme Curé des Cures de S. Mars de Reino & de Feings, & Seigneur temporel de la Terre & Seigneurie de la Chaise, par ledit Broüart. Le Prieur de Dame Marie, par ledit Denisot. Les Doyen, Chanoines & Chapitre de l'Eglise de Tours, Seigneurs de S. Hilaire sur Erre, par M. Jacques Bien-assis, Chantre de ladite Eglise, assisté dudit Broüart. Les Doyen, Chanoines & Chapitre de S. Jean de Nogent le Rotrou, par ledit Doyen, assisté de Maistre Valentin Bernier Chanoine, & de Maistre Mathurin Gouyn leur Procureur fiscal. Les Maistre & Religieux de S. Eloy près Mortaigne. Les Doyen, Chanoines & Chapitre de l'Eglise Collegiale de Toussaincts de Mortaigne, par ledit Durand. Le Prieur de Chemilly, par Maistre Robert Culajou. Le Prieur de Ceton, par Maistre Jean Binet Prestre, assisté de Maistre Jean Mercier. Le Prieur de S. Leonard, par ledit Boussart. Le Prieur de S. Aubin de Courtcharaye, par ledit Goullet. Les Prieurs de Coullymes & de Courcerault, par ledit Ferrand. Le Prieur Curé

de Longny, par Maiftre d'Argenes le Febvre. Le Prieur de la Mag
gdalaine de Reno, par ledit Broüart. Le Prieur de Champrond, par
ledit Durand. Le Prieur de Maifonmaugis, par ledit Broüart. Le
Prieur de Regmallard, par Maiftre Mathurin Poyvret. Le Prieur de
Brefnart, par ledit Boüllart. Le Commandeur de Ville-Dieu de
Manou, par ledit Goullet. Le Maiftre & Adminiftrateur de la Mai-
fon-Dieu de Mortaigne, par ledit Dordoyne. Le Maiftre & Adminiftrateur de la Maladerie de Bellefme, prefent en perfonne, &
affifté dudit Boüllart. Le Maiftre & Adminiftrateur de la Maifon-
Dieu dudit Nogent, par Maiftre Jean Durand. Le Maiftre & Ad-
miniftrateur de la Maladerie de S. Ladre dudit Nogent, par ledit
Broüart. Le Doyen de Bellenois prefent, affifté de Maiftre François
Mallet. Maiftre François Fourmentin, Curé de S. Sauveur de Bellefme, par Maiftre Guillaume Chalambert, affifté dudit Boüllart.
Maiftre Guillaume Heulin Curé de S. Pierre de Bellefme, par François Dumont, affifté dudit Boüllart. Maiftre Guillaume Chalambert,
Curé de S. Martin du vieil Bellefme, & S. Jacques de Vaunoife
fon annexe, prefent. Maiftre Cofme Relin, Curé de Dame-Marie,
par M. Guillaume le Camus. Maiftre Jean Texier, Curé de S. Martin du Douet, prefent, affifté de M. Jean Guerin. Maiftre Sebaftien
Maçon, Curé de S. Ouen de la Court, prefent en perfonne, affifté
dudit Guerin. Le Curé de Verrieres, par M. Michel Vaillant Vicaire
dudit Verrieres, affifté de M. Eftienne Vallette. Le Curé de Condeau,
par Mathurin Sagot. Maiftre Richard Girard, Curé de S. Germain
des Groyes, par ledit Sagot. Le Curé de Gourthiouft en perfonne.
Maiftre Jean Paffe, Curé de S. Jouin de Blavou, par M. Mathurin Villefou fon Vicaire, affifté par ledit Boüllart. Maiftre Guillaume de la Houle, Curé de S. Martin des Pereris, par ledit Durand. Le Curé d'Appenay, par ledit Vallette. Le Curé de Nocé, par
ledit Gouin. Maiftre Loüis de Blonaire, Curé de Serigny prefent,
affifté dudit le Camus. Le Curé de Parfondeval prefent en perfonne. Le Curé de S. Victor de Reno, par ledit Brouart. Maiftre Michel Thereau Curé de S. Hilaire des Nokiers, par M. François Bar-
loüé fon Vicaire. Le Curé de S. Germain de Loyfé prefent en perfonne. Maiftre Pierre Gaubert Curé de Regmallard, par ledit Valette. Maiftre Mathurin Gaultier Curé de S. Cyr, affifté de Maiftre
François Mallet. Le Curé de S. Jean de la Foreft, par ledit Guerin.
Le Curé d'Origny le Roux, par M. Michel Houis fon Vicaire. Le
Curé de S. Julian fur Sarte en perfonne. Le Curé d'Origny le
Boutin, par ledit Boüllart. Maiftre Loüis Chalambert Curé de la Cha-
pelle Souef, par M. Jean Simon, fon Vicaire, affifté dudit Guerin.
Maiftre Charles de Surmont Curé de faint Hilaire fur Erre, par M.
André Defchelles, affifté dudit Broüart. Le Curé de Corubert pre-
fent & affifté dudit Denifot. Maiftre Jean Fauveliere Curé de faint
Maurice fur Huine, prefent. Le Curé de Brunelles, par Jean de Renes Efcuyer, affifté dudit Brouart. Maiftre Noël Alaire Buré de faint
Jorgent prefent, affifté dudit Durand. Maiftre Denis Boutart Curé
de S. Pierre Defperraye, par M. Gervais Goillard fon Vicaire. Le
Curé de S. Martin de Ygé prefent. Le Curé de S. Pierre de Ceton,
par Maiftre Jean Rouffeau fon Vicaire. Maiftre Guillaume Barbe Curé de Vidray, par maiftre René Challes. Maiftre Jean Ferme Curé
de Noftre-Dame de Feuvray, par maiftre Jean le Verger fon Vicaire, affifté de maiftre Jean Lereau Maiftre Gilles Malles Curé de
faint Quentin le Petit, prefent & affifté dudit Gouin. Maiftre Loüis
le Breton Curé de faint Remy de la Rouge, prefent & affifté dudit
Valette. Le Curé de l'Hermitiere, par ledit de Renes. Maiftre Ga-

briel Challes Curé de Bellavilier présent & assisté de René Challes. Maistre René Bersil Curé de Bellou sous Regmallard, par ledit Valette. Maistre Geoffroy Couppe Curé du Tail, présent & assisté dudit Valette. Maistre Guillaume Chalambert Curé de saint Jacques de Vaunoise présent, & assisté dudit Boussart. Maistre Jean Pelle, Curé de Nostre-Dame de Mortagne, par ledit Goullet. Maistre Jacques Marchant Curé de saint Malo, présent & assisté dudit Goullet. Le Curé de Preaux, par maistre Jean Goudet son Vicaire, assisté dudit maistre René Challes. Maistre Magdalain Aubouin, Curé de Coulimer, par ledit Brouart. Maistre Jean Lanoyeux Curé de Boissemaugis, présent & assisté de maistre Jean le Vaillant. Maistre Florent Février Curé de Bizou présent. Maistre Jean le Large Curé du Maige, présent. Maistre Felix Goevrot Curé de la Mesniere & Long-Pont, par maistre Gervaise Rommer. Maistre François Chanteral Curé de saint Aubin de Bouessay, présent & assisté de maistre Estienne Gaillard. Le Curé de Soligny, par ledit Ferrand. Le Curé de Moustiers, par Maistre Thomas Langis. Maistre Jean Cousin Curé de Dorceau, par maistre René Aubin son Vicaire, assisté dudit Soueive. Le Curé de Courtoullain, par ledit Ferrand. Le Curé de saint Hilaire prés Mortaigne, par maistre Guillaume Robert son Vicaire. Maistre Jean le Roy Curé de Nostre Dame de Lignerolles, par maistre Marin Flamant. Maistre Sebastien Esnault Curé de Rivaillon, présent & assisté dudit Valette. Maistre Pierre le Vaigneur Curé de saint Hilaire de Comblo, par ledit Ferrand. Le Curé de Courgeon, par maistre Guillaume du Chesne son Vicaire, assisté dudit Durand. Le Curé de Courserault, par maistre Marin Guillein. Ledit maistre Felix Goevrot Curé de Manués, par ledit Ferrand. Maistre Gilles le Secq Curé du Pin, par maistre Marin Flamant son Vicaire, assisté dudit Sagot. Maistre François Fromentin Curé de Loysel présent. Maistre Ambroise Bernard Curé de Theroute, par ledit Landais. Le Curé de Buberthré, présent & assisté dudit Poyvret. Maistre Gilles Giroust Curé de Nully, présent & assisté dudit Goullet. Le Curé de Courgehoust, par maistre Jean Dubray son Vicaire, assisté de maistre François Mallet. Maistre Jean Pelle, Curé de Bazoches, par ledit Goullet. Maistre Jacques Durand Curé de Villiers, par ledit Goullet. Maistre Charles Gyquel Curé de la Lande, par ledit Goullet. Le Curé de Suré, par maistre François Virellouvet. Le Curé de saint Denys de Couldroyes par ledit Petit Gars. Maistre André Coutart Curé de Theligni, présent & assisté dudit Poyvret. Le Curé de Mareilly, par maistre Julian Loide son Vicaire. Maistre René Noyer Curé de la Perriere, & S. Hilaire de Soisay, présent & assisté de maistre Gilles Chevalier. Maistre Guillaume Vaillant Curé de la Bruyere, par ledit Valette. Maistre Bonaventure Bellanger Curé de Theval, présent & assisté dudit Vallette. Le Curé de saint Denys sur Huine, par ledit Ferrand. Maistre Adrian Bouteveille Curé de Nostre-Dame de Buré, par Adrian Bouteveille son pere, assisté de maistre Jean Lereau. Le Curé de S. Estienne sur Sarte, par maistre Nicole Fleury son Vicaire. Le Curé de S. Oüen de Seichorouvre, par ledit Brouard. Maistre Mathurin Hirel Curé de S. Sulpice, assisté dudit Brouart. Maistre Jean Chemin Curé de Champs, par maistre Loüis Casinal. Maistre Jacques Bernard Curé de S. Hilaire des Noyers sous Nogent, présent & assisté de Bonaventure Rozaye. Le Curé de S. Aubin des Groyes, par maistre André Lochon son Vicaire, assisté dudit maistre Jean Guetin. Maistre Pierre Renard Curé de Nostre-Dame de Nogent le Rotrou, par ledit Jean Denisot, assisté de maistre Jean Rousseau Vicaire. Le Curé de saint

Laurens dudit lieu present. Le Curé de S. Hilaire de Nogent le Rotrou present. Le Curé de Nostre-Dame de Margon, present & assisté
dudit Landays. Maistre Nicole Bourdon Curé de Condé, present &
assisté de maistre Jean Verrier. Maistre Quentin Champion Curé de
S. Pierre de Bertoncelles, par maistre Michel Raoulin Prestre son
Vicaire, assisté dudit Souefve. Le Curé de S. Elif, par maistre Jean
Collet. Maistre Jean Aubeau Curé de Meaucé, present & assisté dudit
Goullet. Maistre Pierre Guyot Curé de S. Denys d'Authon, par ledit Landays. Le Curé de Champront en Perchet, present & assisté
dudit Gouin. Le Curé de Pierre-Fitte, par maistre Sebastien Martin
son Vicaire, assisté dudit Brouart. Maistre André Berthelot Curé de
Berchonvillier, par maistre René Noyer, assisté de maistre Gilles
Chevalier. Maistre Jacques Guinard Curé de Vicheres, present & assisté par ledit Valette. Maistre Nicole Baudouyn Curé de Trizé, par
ledit Durand. Le Curé de S. Sierge present. Maistre Mathurin Allo-
teau, Curé de S. Victor de Buton, par ledit Goullet. Le Curé de
Montlandon, par maistre Maré Cormier son Vicaire, assisté par ledit Durand. Le Curé de Monthireau, par ledit Goullet. Maistre Michel Collas Curé de Fretigny, par ledit Brouart. Le Curé de saint
Vincent de Marolles, par maistre Hubert Landays. Le Curé de Coudreceau, par ledit Gouyn. Maistre Jean Saradin Curé de Coulonges,
present & assisté dudit Souefve. Maistre Bernard Foucquat Curé de
Combres, par maistre Pasquier de la Haye son Vicaire. Les Curez
de Harponvillier & de Nonvillier, par ledit Durand. Maistre Jacques Brossard Curé des Essilleux, present & assisté dudit Challet.
Maistre Michel Colas Curé de Marne, par maistre Jean Flot son
Vicaire, assisté dudit Brouart. Le Curé de Fontaine Simon, par maistre Jacques Sagot son Vicaire, assisté dudit Goullet. Maistre François Fromentin Curé de S. Langis, present en personne. Maistre Thomas Trouvé Prestre, Curé de S. Germain de Martigny,
par ledit Denisot. Maistre Jean Forgent Prestre, Curé de Mollicent,
par ledit Durand. Maistre Jean Pichart Curé de Nostre-Dame de Broz,
en personne, assisté dudit Brouart. Le Curé de Monceaux, par
maistre Denys Daniel son Vicaire. Le Curé de Chemillé, par maistre
Philippes Habert son Vicaire, assisté dudit Brouart.

Et pour l'Estat de la Noblesse sont comparus la Duchesse d'Estou-
teville, Comtesse de Montfort & Chaumont, Douairiere de la Baronnie de Nogent le Rotrou, & des Chastellenies de Riveré, Montigny, Nonvillier, Montlandon, la Ferriere & de Regmallard, par
ledit Goullet. Dame Jacqueline de Rohan, Marquise Douairiere de
Rothelin, comme ayant la garde Noble du Duc de Longueville,
Comte de Dunois, son fils, à cause de la Baronnie de Longny,
par maistre Pierre Brulard son Procureur Fiscal en ladite Baronnie
de Longny. Messire Charles de Croy, Comte de Senighan, à cause de sa quarte partie dudit Longny, horsmis le préciput, par maistre Hacte le Febvre. Messire Jean de Touteville, Chevalier de l'Ordre, Bailly & Capitaine de Rouën, Seigneur de Villebon, Blainville, la Castine, & Baron de Chesne doré, & à cause de ses Seigneuries de Boislandry, Fretigny & Chanceaux, au Pays du Perche, par Jean du Portail Escuyer, assisté de maistre Gilles Cherré.
Messire Charles Tiercelin, Chevalier Seigneur de la Roche du Maine,
comme ayant la garde noble de Damoiselle Loyse de Laval, Dame
de la Roziere, fille mineur de feu Messire Loys de] Laval, par
maistre Jean Guiné. Messire Esprit de Harville, Chevalier Seigneur
de Palaiseau, Gentilhomme ordinaire de la Chambre du Roy à
                                                              cause

Roy, à cause de sa Chastellenie, Terre & Seigneurie de la Mothe Diversay, par maistre Mathurin Ribot. Messire Odard Dilliers, Chevalier Gentilhomme de la Chambre du Roy, Seigneur de Vaupillon, à cause de sa Chastellenie dudit Vaupillon, par maistre Jean Goillard son Procureur fiscal, assisté de maistre Julian Houis. Messire Jacques d'Angennes, Chevalier Seigneur de Rambouillet, Gentilhomme de la Chambre du Roy, comme ayant la garde noble des enfans mineurs d'ans de défunct Denis d'Angennes, en son vivant Escuyer, Seigneur de la Louppe, pour les Terres & Seigneuries de Blainville & la Hanoudiere, par ledit Goillet, assisté de maistre Gilles Cherré. Messire Jean d'O, Chevalier Gentilhomme de la Chambre du Roy, Seigneur de Manon & Nully, par maistre François Gravelle. Dame Jacqueline de Rouversaille, Dame de Chastillon, tant en son nom, que comme garde des enfans de feu Messire Loüis du Perreau son mary & d'elle, à cause des Chastellenies de Marcheville & les Orieux, par Joachim Sainctu, assisté de maistre Mathurin Sagot. Dame Antoinette de S. Pere, veuve de feu Messire Loüis le Roy, en son vivant Chevalier Seigneur de Chavigny, & Capitaine des Gardes du Corps du Roy, à cause de ses Terres & Seigneuries de Clinchans & Vauvineux, par maistre Jean du Bois. Messire François le Roy, Seigneur de Chavigny, Gentilhomme ordinaire de la Chambre du Roy, à cause de ses Terres & Seigneuries de la Baussonniere, le Boucher, la Jallaise & Villeneuve, par ledit Brouart. Messire Guy de Monceaux, Chevalier Seigneur de Houdan, présent & assisté de maistre Jean Durand. Messire François de la Noe, Chevalier Seigneur du haut Plessis en Berthoncelles & la grand Bruyere en Verrieres, par maistre René Beraule son Bailly. Messire Jean de S. Eran, Seigneur des Chastellenies de Preaux & le Tail, par ledit Ferrand. Messire Loüis de Billy, Baron de Courville & de Lonnoy, par maistre François Virelouvet. Messire Christofle du Refuge, Chevalier Seigneur Desmenus, Gentilhomme de la Maison du Roy, au nom & comme Superintendant & Administrateur des biens & successions du feu Comte d'Anguyen, par ledit Durand. Messire Jean Auvé, Chevalier Seigneur de Voujours, maistre d'Hôtel du Roy de Navarre, par maistre Pierre du Fay. Messire René d'Assé, Chevalier Seigneur de S. Victor de Buthon, par Marin Vallée son Procureur fiscal. Damoiselle Gabrielle Sapin, veuve de feu maistre Denis Riant, en son vivant Conseiller du Roy, & Président en sa Cour de Parlement à Paris, tant en son nom, que comme garde des enfans dudit défunct & d'elle, Dame des Chastellenies de Villeray en Hutson, & Villeray en Assay, par ledit Sagot. Maistre Jean Abot, Conseiller du Roy en sa Cour de Parlement à Paris, Seigneur de la Chaise, & Cleriadus de la Rossiere, aussi Conseiller du Roy en ladite Cour, Seigneur de Poix & du Plessis, présens. Philippes de Boisguyon, Escuyer Seigneur de Ceton en partie, présent en personne. Fiacre de S. Berthevin, Escuyer Seigneur de Ponthus & de S. Germain de la Couldre, présent en personne, assisté dudit Fay. Jacques le Boulleur, Seigneur de Montgaudry, par maistre Jean Freshaye. Jean Damilly, Escuyer Seigneur dudit lieu, de Rosiers, & la Besnadiere, présent. Maistre Loüis le Breton, Escuyer Seigneur du vieil Bellesme, présent & assisté de maistre Charles de Vaussé. Loüis Desfués, Escuyer Seigneur de Jault, par maistre René Challes. Robert de la Voue, Escuyer Seigneur de Thouroute, présent. Jean Gislain, Escuyer Seigneur de S. Mars de Coulonges, par ledit Brouart. Damoiselle Marie de Souvré, Dame de la Ventrouse, par ledit du Fay. Claude Gruel, Escuyer

Seigneur de la Frette, present en personne. Antoine de Souvré, Escuyer Seigneur de Gervaise, par maistre Guillaume Petitgars. Loüis de Vieil-Pont, Chevalier, Seigneur, Baron de Neuf Bourg & de la Lande, par maistre Thomas Bon-enfant. Pierre du Mouchet Escuyer Seigneur de Saint Quentin le petit, par Louys le Blot. Robert Leschamps Escuyer Seigneur de Vaunoise, par ledit Bouffart. Le Seigneur de Gemages, par maistre Jean Guiné, son Procureur Fiscal. Jean de Monthireau, Escuyer Seigneur dudit lieu, present en personne. Les Seigneurs de Ceton, presens en personne. Guy de Dampierre, Seigneur de la Chesneliere, par maistre René Berault. Le Seigneur de Cissé, present. Le Seigneur de S. Denis sur Huine, present. Eleazar du Buat, Escuyer Seigneur de Harenville, Maistre d'Hôtel du Seigneur de Rambouillet, present. Loüis Barat, Escuyer Seigneur des Chaises, present. René de Prez, Escuyer Seigneur de la Chastellenie de Prez en Ceton, present & assisté dudit maistre Jean Durand son Bailly. Jean Gaillard, Seigneur de la Guyardiere & de la haute Justice de Preaux & de S. Aubin des Grois, par ledit Ferrand. Robert de la Riviere, Escuyer Seigneur de Digny & la Roussetiere, Bailly de Chasteau-Neuf en Thimerais, par maistre Noël de la Place. François de Blaverte, Escuyer Seigneur dudit lieu & de Goron, par maistre Pierre du Mouchet Escuyer. Jacques du Puisaye, Escuyer Seigneur de la Mesniere, par maistre Charles de Vaussé. Jean de la Voue, Escuyer Seigneur de Villiers & de la Chapelle Soüef, par maistre Jean Chevalier. François de Vaussé, Escuyer Seigneur de la Roche, par ledit Charles de Vaussé. Eustache Feillet, Seigneur du Coudray, Maistre des Eaux & Forests du Comté du Perche, present. René Dassie, Escuyer Seigneur de Beaumont, par maistre François le Conte. Jean de Buberthré, Escuyer Seigneur de la Pelleterie, par maistre Marin Flamant. Loüis de Fontenay, Escuyer Seigneur du Boistier, present. Balthazar le Breton, Escuyer Seigneur de la Chastellenie de Montdoulcet, par maistre René Berault son Procureur Fiscal. Maistre Jean Abot, Escuyer Seigneur du Boucher, Malais & le Moulin neuf, present. Jean des Feugerets, Escuyer Seigneur du lieu, present. René de Barville Escuyer Seigneur de Nocé, present. Rubecler de Barville, Escuyer Seigneur de Duramville & de la Chevroliere, par ledit Durand. Damoiselle Loüise de Marcouville, Dame de Montgoubert, par ledit de Mouchet. Ambrois de Marcouville, Escuyer Seigneur de Montgoubert & de Lardilliere, par ledit le Conte. Jean d'Argen son Escuyer, Seigneur d'Avoynes, le Heaulme & Mehenty, par maistre Jean d'Aigrefueille son Bailly. François le Cirier, Escuyer Seigneur de la Mouchere & de Semeur, par ledit Jean des Feugerais Escuyer, son gendre. Damoiselle Jeanne de Coche-Filler, Dame de Bellavillier, par maistre Jean d'Aigrefueille son Procureur Fiscal. Charles de Vaussé, Escuyer Seigneur de Rocques & de Couregonnet, present en personne. Maistre Cleriadus du Mouchet Advocat en la Cour de Parlement, Seigneur de la Mouchetiere, present. Nicolas du Mouchet, Escuyer Seigneur de la Saffaye, par maistre Robert Culajou. Lancelot de Rouy, Escuyer Seigneur de Brunelles, Conasmes & la Cousture, present. René le Lievre, Escuyer Seigneur de Beauvais & la Rousseliere. Garian de la Bretonniere, Escuyer Seigneur dudit lieu, present. Le Seigneur des Souillars & de S. Quentin le Petit en partie, present. Jean de Vollette, Escuyer Seigneur de la Sauvagere & de la Brosse, present. Maistre Loüis Marin, Escuyer Seigneur de Malaize, present. Damoiselle Anne le Musnier Dame de Mainvillier & de Boisvezard, veuve de feu Jean de saint

Berthevin, Escuyer Seigneur de Ponthus, par maistre Loüis le Bloc.
Loüis de Beaulieu, Escuyer Seigneur du Frenay, par ledit Gouyn.
Antoine du Grenier, Escuyer Seigneur de la Pelonneire & du Pin,
present. Michel Rohard, Escuier Seigneur de Pigeon, present. Jean
de Sourmont, Escuier Seigneur dudit lieu, par maistre Charles de
Sourmont son fils aisné. Guillaume de Rocques, Escuier Seigneur de
la Bouchardiere, present. Christine Boisard, Dame du Fief de Serigny, par Christofle Brisson son Procureur. Gilles le Prévost, Escuier Seigneur du Mesnil, par maistre René Godefroy. Nicolas de
Bossozel, Escuier Seigneur de la Vaye & Courtcharaye, present. Charles de Surmont, Escuier Seigneur de la Planche & de Milan, present. Tassin Bouvier, comme garde de ses enfans pour le lieu des
Espinais en la Paroisse de Courtouillain, present & assisté dudit Poivret. Pierre de Dampierre, Escuier Seigneur de la Thissonniere en
la Paroisse de Bizou, present. Jacques de Rossire, Escuier Seigneur
de Rivaillon, par ledit Durand. Philippes de Marcouville, Escuier
Seigneur du Deffais, par Pierre du Boucher Escuier. François Graf-
fart Seigneur Daulnay & Dechamps par ledit Ferrand. Jean
de Rossard, Escuier Seigneur de la Gastine, par ledit Durand. François Gogué l'aisné, Escuier Seigneur de Mesnault, present & assisté
dudit Goullet. Damoiselle Marie de la Louppe, comme garde des
enfans mineurs de feu Regnauld de la Clergerie & d'elle, Dame usu-
fruictiere de Laulnay, par maistre Jean Goillard son Bailly, assisté de
maistre Charles Souesve son Procureur. Jean de Lanfernat, Escuier
Seigneur de Villiers en S. Germain de la Gouldre & Fretigny, present. Cleriadus de Lussault Seigneur de Doue Marot.

Sont aussi comparus les Officiers du Roy & Practiciens dudit Comté & Bailliage du grand Perche : A sçavoir lesdits Maistre Jacques
Courtin Bailli du Perche, François Brisart Lieutenant particulier
dudit Bailli du Perche au Siege de Bellesme, François Creste Lieutenant particulier dudit Bailli au siege de Mortaigne. Richard Labbé
Escuier Vicomte dudit Perche, Jean Abot Lieutenant General, &
Galeran du Fay Lieutenant particulier dudit Vicomté au siege de
Mortaigne. Michel Rohard Escuier, Lieutenant particulier au siege
de Bellesme. Jean de Surmont Advocat du Roy à Mortaigne. Joseph Brisard Advocat du Roy à Bellesme. Charles Chrestot Procureur du Roy audit Mortai ne, tous presens. Eustache Feillet Maistre des Eaües & Forests dudit Comté du Perche, par maistre Loüis
Cardinal, Alexandre Vallée Lieutenant dudit Maistre des Eaües &
Forests. Jean Mallet Enquesteur. Michel Perou Receveur du Domaine dudit Comté du Perche, par M. Jean Thiercelin son Commis, assisté par ledit Gouin. Gregoire Chartier Controolleur du Domaine dudit Comté. Mathurin Durand Sergent fieffé en la Chastellenie dudit Mortaigne. Ledit M. Michel Robard Esleu pour le
Roy en l'Election d'Alençon & du Perche. François Gogué le jeune Controolleur en ladite Election du Perche. Jean de Surmont Esleu
particulier au siege de Mortaigne. Cleriadus Desjouis principal Fermier de la Sergenterie Fagon. Thomas Brisart Esleu particulier au
siege de Bellesme. Guillaume Gouin Esleu particulier au ressort de
Nogent le Rotrou, en l'Election d'Alençon & du Perche, & Seneschal de la Baronnie de Nogent. Jean Bouffart Procureur du Roy
sur le faict des Aydes, Tailles & Gabelles esdits sieges & ressortz
de Bellesme, Mortaigne & Nogent. Jean Crestot Greffier en l'Election d'Alençon & du Perche, presens. Ledit M. Michel Perou Receveur des Aydes & Tailles du Perche, par ledit Thiercelin. Pierre

Pallu Receveur alternatif des Tailles audit Comté du Perche. Jean
Maumain Greffier de la Vicomté du Perche & Bellesme. François
du Mont Controolleur du Grenier à sel & Magasin de Bellesme, présens & assisté dudit Gouin. Florent Hubert Bailli de Nogent le Rotrou, présent. Estienne Valette Lieutenant dudit Bailli. Hubert
Landais Lieutenant dudit Seneschal. Nicole Goullet Procureur fiscal
dudit Nogent. Pierre Durand Bailli de S. Denis dudit Nogent. René Chasles Lieutenant General dudit S. Denis. Gilles Moreau Escuier Seneschal dudit S. Denis de Nogent. Mathurin Poivret Procureur Fiscal dudit S. Denis de Nogent. Mathurin Gouin Sergent fieffé
dudit saint Denis. Mathurin Sagot Bailli des Chastellenies de Villeray en Husson & Assay. Estienne Crestot Greffier en la Vicomté du
Perche. Jean Vallette Grenetier de la Ferté Bernard. Mathurin Ferrand Bailli de Preaux. Jean Durand Bailli de Prez en Ceton. Julian Houis Lieutenant de Vaupillon. Nicolas Nepveu Bailli de Moustiers. Ledit maistre Pierre Durand, Lieutenant General du Bailliage
de Regmalard. Ledit maistre Michel Rohard Bailli de S. Frogent.
Loüis de Fontenay Bailli de saincte Gaudeburge, tous presens. Maistre Charles de Vaussé, Robert Culajou, Loüis Petitgars, Jean Guerin, François Virlouvet & Jean Guiné, tous Advocats audit Comté
du Perche, au Siege & Ressort de Bellesme, presens. Maistres Jean
Denisot, René Berault, Florent le Febvre, Fabien Dordoine, Mathurin Gouin, Gabriel Vallette, Gilles Cherré, Guillaume Brouart
& Gilles Chevalier, tous Advocats audit Nogent le Rotrou, presens.
Maistres Charles Crestot, Marin Flamant, Loüis Cathinal Advocats
au Siege de Mortaigne. Joachim Sainctu Procureur fiscal de Marche-
ville. Charles Souefre Advocat, Jean Caillard Esleu de Longny,
Pierre Bruslart Procureur en ladite Election, Jean de Rouvray
Bailly dudit Longny, Jean Mineray Vicomte dudit Longny, Ro-
bert Chouaisne l'aisné, Lieutenant General audit Bailliage, René
Chouaisne le jeune, Lieutenant General dudit Vicomté. François
Février Lieutenant au Bailliage de Regmalard. Thomas Bon Enfant
Procureur fiscal de la Lande, tous presens.

Et outre pour le tiers Estat sont comparus les Manans & Habitans de saint Sauveur & saint Pierre de Bellesme, par M. Robert
Culajou. Les manans & habitans de saint Martin du vieil Bellefme, par M. Jean du Bois. Les manans & habitans de Dame-Marie,
par ledit le Camus. Les manans & habitans de saint Martin de Douet,
par ledit Guerin. Les manans & habitans de saint Ouen de la Court,
par M. Thomas Brisart. Les manans & habitans de la Paroisse de
Verrieres, par ledit Poyvret. Les manans & habitans de la Paroif-
fe de Condeau, par ledit Sagot. Les manans & habitans de saint
Germain des Groyes, par ledit Sagot. Les manans & habitans de
Collonar, par Guillaume Hardy. Les manans & habitans de Cour-
thioust, par ledit M. Pierre Durand. Les manans & habitans de
la Paroisse de Fontaine Simon, par Pierre Bruslart, assisté dudit
Goullet. Les manans & habitans d'Appenay, par ledit Petitgars.
Les manans & habitans de saint Martin de Nocé, par icelui Petitgars. Les manans & habitans de Serigny, par ledit Petitgars. Les
manans & habitans de Parfondeval, par ledit Goullet. Les manans & habitans de saint Victor de Reno, par Jean Pierre, assisté dudit Février. Les manans & habitans de saint Hilaire des
Noyers, par ledit M. Pierre Durand. Les manans & habitans de
saint Germain de Loyse, par Taffin Bouvier l'un desdits habitans, af-
sisté dudit Valette. Les manans & habitans de Nostre Dame d'Au-
theuil, par ledit M. Pierre Durand. Les manans & habitans de

Regmallard, par M. François Février. Les manans & habitans de saint Langis, par ledit Goullet. Les manans & habitans de saint Jouin de Blavou, par ledit M. Pierre Durand. Les manans & habitans de saint Cyr, par M. François Mallet. Les manans & habitans de Fervenchieres, par M. Jean Lereau. Les manans & habitans de la Paroisse saint Jean de la Forest, par ledit Guerin. Les manans & habitans d'Origny le Roux, par ledit Poyvret. Les manans & habitans de saint Julian sur Sarte, par M. Charles de Vaussé. Les manans & habitans de saint Germain de la Couldre, par ledit Petitgars. Les manans & habitans d'Origny le Boutin, par ledit Boussart. Les manans & habitans de la Chapelle Souef par ledit le Camus. Les manans & habitans de saint Hilaire sur Erre, par ledit Brouart. Les manans & habitans de Corubert, par M. Jean Verdier. Les manans & habitans de saint Maurice sur Huine, par ledit Guerin. Les manans & habitans de Batville, par Guillaume Flotey. Les manans & habitans de saint Forgent, par ledit Durand. Les manans & habitans Desperrays, par M. René Chasles. Les manans & habitans de saint Martin de Ygé, par M. Michel le Coy. Les manans & habitans de saint Pierre de Ceron, par ledit M. Jean Durand. Les manans & habitans de saint Martin de Gemages, par Philippe Lenfant, l'un desdits paroissiens. Les manans & habitans de Viday, par ledit Boussart. Les manans & habitans de Peuvray, par ledit Lereau. Les manans & habitans de saint Jouin de Dancé, par M. Loüis le Blot. Les manans & habitans de saint Quentin le petit, par ledit Gouin. Les manans & habitans de saint Remy de la Rouge, par ledit Brouart. Les manans & habitans de Chemillé, par M. Jean du Bois. Les manans & habitans de l'hermitiere, par Ancelin Arondeau. Les manans & habitans de Nostre-Dame de Bellavillier, par ledit M. René Challes. Les manans & habitans de Bellou sous Regmallard, par ledit Sagot. Les manans & habitans du Tail, par ledit Petitgars. Les manans & habitans de saint Jacques de Vaulnoise, par ledit Boussart. Les manans & habitans de Nostre-Dame de Mortaigne, par maistres Jean Mallet & Estienne Gaillard. Les manans & habitans des Paroisses de saint Jean & saint Malo, par M. Charles Crestot. Les manans & habitans de Preaux, par ledit M. René Challes. Les manans & habitans de Coullimer, par Jean Seridder. Les manans & habitans de Courteharaye, par Robin Sepiier, assisté dudit M. Pierre Durand. Les manans & habitans de Boissemaugis, par ledit Vaillant. Les manans & habitans de Bizou, par ledit Février. Les manans & habitans du Maige, par icelui Février. Les manans & habitans de Champeaux, par Michel Gadois. Les manans & habitans de la Mesniere & Longpont, par Loüis Chollet, assisté dudit Culajou. Les manans & habitans de Boucssay, par M. Marin Flamant. Les manans & habitans de Soligny, par M. Jean Denisot. Les manans & habitans de Moustiers, par ledit Bon-Enfant. Les manans & habitans de Mesnuils, par ledit Goullet. Les manans & habitans du Pas saint l'Hommet, par ledit Goullet. Les manans & habitans de saint Hilaire de Dorceau. Les manans & habitans de Courtoullain, par M. Simon le Marié. Les man. & habit. de S. Germain de Coulonges, par Joachim Sainctu. Les manans & habitans de saint Hilaire prés Mortaigne, par ledit Houis. Les manans & habitans de Nostre-Dame de Ligerolles, par ledit Flamant. Les manans & habitans de la Poterie, par ledit Souefve. Les manans & habitans de S. Mars de Coulonges, par ledit Pierre Durand. Les manans & habitans de saint Jacques de Prepotin, par ledit M. Jean Denisot. Les manans &

habitans de la Paroisse de la Venttouse, par ledit Souefve. Les manans & habitans de Rivalon, par ledit M. Pierre Durand. Les manans & habitans de saint Hilaire de Comblo, par ledit Ferrand. Les manans & habitans de Nostre-Dame de Courgeon, par ledit M. Pierre Durand. Les manans & habitans de la Paroisse saint Nicolas de Maisonmaugis, par M. Pierre du Fay. Les manans & habitans de Courcerault, par ledit Février. Les manans & habitans de saint Mars de Resno, par Marin du Tail. Les manans & habitans de Mauves, par ledit Février. Les manans & habitans du Pin, par Robert le Bouc. Les manans & habitans de Loysel, par ledit Estienne Gaillard. Les manans & habitans de Thorouvre, par ledit Poyvret. Les manans & habitans de Randonnay, par ledit Poyvret. Les manans & habitans de Buberché, par ledit Poyvret. Les manans & habitans de la Paroisse de Nully, par ledit Goullet. Les manans & habitans de Gourgehouil, par Jean Sorrey l'aisné. Les manans & habitans de Feings, par Nicolas Peron. Les manans & habitans de la Paroisse de Bivillier, par M. Laurens Blot. Les manans & habitans de Corbon, par ledit Souefve. Les manans & habitans de Villiers, par Pierre Boucher. Les manans & habitans de la Lande, par ledit Goullet. Les manans & habitans de Montgaudry, par M. Jean Fresnaye. Les manans & habitans de Suré, par ledit Fresnaye. Les manans & habitans de saint Denis des Couldrois, par ledit Petitgars. Les manans & habitans de Dollon, par ledit Durand. Les manans & habitans de Theligny, par Ambrois Maurice. Les manans & habitans de saint Jean Deseschelles, par ledit Valette. Les manans & habitans de saint Cosme de Vert, par Laurens Houliers. Les manans & habitans de Bellou le Trichart, par ledit Petitgars. Les manans & habitans de saint Aubin des Groyes, par ledit Guerin. Les manans & habitans de sainte Gauburge, par Jean Guine. Les manans & habitans de saint Victor de Buthon, par M. Fabien Dordoine. Les manans & habitans de Marcilly, par ledit Virelouvet. Les manans & habitans de la Perriere & saint Hilaire de Souazé, par M. Jean Fresnaye. Les manans & habitans de la Bruyere, par ledit Sagot. Les manans & habitans Davezé & Ravine, par ledit Petitgars. Les manans & habitans de Theval, par ledit Ferrand. Les manans & habitans de saint Denis sur Huygne, par ledit Ferrand. Les manans & habitans de saint Quentin de Blavou, par Michel Mauger. Les manans & habitans de la Chapelle Molignon, par ledit Goullet. Les manans & habitans de Coudreceau, par ledit Gouin. Les manans & habitans de Longny, par M. François Gravelle. Les manans & habitans de Moulissant, par ledit M. Pierre Durand. Les manans & habitans de Nostre-Dame de Nogent le Rotrou, par Bertrand Hubert. Les manans & habitans de saint Laurens dudit Nogent, par M. Florent le Febvre. Les manans & habitans de saint Hilaire dudit Nogent, par ledit Dordoine. Les manans & habitans de Nostre-Dame de Margon, par ledit M. Jean Durand. Les manans & habitans de Condé, par Jean Guerrier. Les manans & habitans de Bertoncelles, par M. Charles Souefve. Les manans & habitans de saint Eliph en Comté, par ledit Goullet. Les manans & habitans de Meaucé, par ledit Goullet. Les manans & habitans de saint Denis d'Authon, par Jean Chauveau. Les manans & habitans de Champrond en Perchet, par M. Mathurin Gouin. Les manans & habitans de Pierre Fitte, par Charles Berault. Les manans & habitans de Souensay, par M. René Berault. Les manans & habitans du Couldré, par ledit M. Julian Houys. Les manans & habitans de Bethouvillier, par ledit M. Jean Denisot. Les manans & ha-

bitans de Vicheres, par ledit Houis. Les manans & habitans de
Trizé, par ledit M. Jean Durand. Les manans & habitans de Montlandon, par M. Guillaume Gouin. Les manans & habitans de Mon-
chireau, par M. Hubert Landais. Les manans & habitans de Marolles, par Bonaventure Rouzaye. Les manans & habitans des Ethil-
leux, par ledit Gouin. Les manans & habitans de Happonvillier, par
ledit M. Pierre Durand. Les manans & habitans de saint Martin de
Marne, par ledit M. Jean Durand. Les manans & habitans de Combres, par ledit Drouart. Les manans & habitans de Fretigny, par
M. Julian Houis. Les manans & habitans de l'homme, par Nicolas Aubin. Les manans & habitans de Marcheville, par ledit M.
Pierre Durand. Les manans & habitans de la Mothe Diversay, par
ledit Cathinal. Les manans & habitans de saint Aignan sur Erre,
par ledit Guerrier. Les manans & habitans de Nostre-Dame de Marcilly, par ledit Vitelouvet. Les manans & habitans de la Paroisse
de Brunelles, par M. Charles Berault. Les manans & habitans de
Nostre-Dame de Monceaux, par ledit Vaillant. Les manans & habitans de saint Martin du Berduys, par ledit Houis. Les manans &
habitans du Ressort de Ravine, par ledit Fetigars. Les manans &
habitans de la Paroisse de Champs, par ledit Denisot.

En procedant ausquelles comparutions & à l'appel des dessusdits comparans, ont esté par aucuns d'eux ci-après nommez faites
les remonstrances, protestations & déclarations qui ensuivent.

Pour Missire Loüis Guillard, Evesque de Chaallon sur Saone, a
esté remonstré par ledit Goullet, que par reservation Apostolique, il
a plusieurs droicts & prérogatives sur l'Evesché de Chartres, entre
autres, que la Terre & Baronnie de Pontgouin, ses appartenances &
dépendances lui appartiennent, & à cause d'icelle a plusieurs beaux
droicts, requerant y estre conservé & maintenu, & protestant que ce
qui pourroit estre par nous arresté pour Coustume dudit Comté du Perche, ne lui puisse préjudicier.

Par lesdits Doyen, Chanoines & Chapitre de l'Eglise de Chartres, a esté remonstré par ledit Musnier, l'un des Chanoines d'icelle Eglise, & Procureur desdits de Chapitre, qu'ils n'ont aucun bien
ne heritage au Bailliage du Perche, & que ce qu'ils en ont aux en-
virons est au dedans du Bailliage de Chartres, & se reglent selon les
Coustumes du Bailliage de Chartres. Protestant que ce qui sera par
nous faict à l'emologation des Coustumes dudit Bailliage du Perche,
ne puisse nuire ne préjudicier en ce regard ausdits de Chapitre.

Ledit Bien assis Chantre & Chanoine de l'Eglise de Tours, tant
pour lesdits Doyen, Chanoines & Chapitre de ladite Eglise de Tours,
à cause de leurs Terres & Seigneuries de Viviers, saint Hilaire sur
Erre, Corubert & autres leurs Terres & Domaines, que pour les autres gens de l'Eglise, ayans terres & possessions audit Comté du Perche, a protesté que la comparution qu'il fait esdits noms ne puisse
nuire ne préjudicier aux privileges, franchises, libertez, immunitez
ne exemptions du Clergé. Protestant où par nous seroit aucune chose ordonné au contraire, de le pouvoir contredire & empescher en temps
& lieu, ainsi que de raison.

Par ledit M. Guillaume Abot, Prieur Commandataire du Prieuré
de saincte Gauburge membre dépendant de l'Abbaye de saint Denis
en France, a esté dict & remonstré par ledit M. Jean Guyné, que
la Seigneurie de saincte Gauburge n'est du Comté & Bailliage du
Perche, ne du ressort d'icelui. Toutesfois est comparu, à cause qu'en

ladite Seigneurie de Gauburge l'on use des Coustumes dudit Comté du Perche.

A quoi par les gens du Roy a esté dit que ladite Chastellenie de sainte Gauburge est de la fondation, dotation & augmentation du Comté du Perche. Et où ladite Chastellenie & Seigneurie ressortiroit nuement en la Cour de Parlement, toutesfois ressortist à Belletme pour les cas Royaux, & aussi qu'elle est enclavée audit Comté & Bailliage du Perche.

Pour ledit M. Jean Abot Archidiacre de Courbonnois, a esté dict par ledit M. Guillaume Brouart, qu'il comparoissoit comme proprietaire & possesseur de la moitié des vassaulx, arriere-vassaulx, terres labourables, cens, rentes, & autres choses dépendantes de la Terre & Seigneurie de la Chaize, & comme usufruictier du surplus & totalité d'icelui lieu, fiefs & appartenances. Et aussi comme Seigneur proprietaire des Fiefs & Seigneuries de Loyschere. Protestant que où aucun se feroit presenté comme Seigneur de la Chaize, que telle qualité ne lui puisse aucunement préjudicier.

Par ledit Substitut du Procureur General du Roy en l'appel qui a esté faict de Maistre Jean Pean, en qualité de Maistre & Administrateur de la Chapelle de saint Lazare de Nogent le Rotrou, a esté dict qu'il empeschoit ladite qualité, & que ce n'estoit Chapelle, ains Maladerie. Au contraire ledit Brouart pour ledit Pean a soustenu que c'estoit Chapelle, à laquelle est annexée ladite Maladerie.

Par ledit Goullet, tant comme Procureur Fiscal de la Baronnie dudit Nogent, que des Chastellenies de Riveré, Montlandon, Montigny, Nonvillier & la Ferriere, dépendantes d'icelle Baronnie, & comme Procureur specialement fondé de ladite Duchesse de Touteville, Comtesse de Montfort, & Douairiere de ladite Baronnie & Chastellenies, & aussi de la Chastellenie de Regnaillard, a esté protesté que la redaction & reformation desdites Coustumes ne puisse en rien préjudicier aux Droits & Privileges desdites Baronnie & Chastellenies.

Par ledit Substitut du Procureur General du Roy, a esté dict que ladite Terre & Seigneurie de Nogent n'est que simple Chastellenie, & empeschoit ladite qualité de Baronnie, & pareillement que ledit Goullet se puisse nommer Procureur fiscal.

Par ledit Goullet a esté soustenu au contraire, que ledit Nogent est Baronnie composée de cinq Chastellenies qui en dépendent, à sçavoir lesdits Riveré, Montigny, Montlandon, Nonvillier, & la Ferriere: Et que les appellations interjettées des Sentences données par les Juges d'icelles Chastellenies, ressortissent par appel és Assises de Nogent, & aussi que la qualité de Procureur Fiscal appartient aux Procureurs en la Jurisdiction des Barons, Chastellains & autres Seigneurs Hauts-Justiciers. Sur quoi avons ordonné que ladite qualité de Procureur Fiscal demeurera: & au surplus que les parties auront acte de leurs remonstrances.

Ledit M. Pierre Durand Bailli dudit S. Denis de Nogent le Rotrou pour Messire Christofle du Reffuge Chevalier Seigneur de Menuz, Superintendant & Administrateur general des biens de la succession jacente de feu Messire Jean de Bourbon Duc de Touteville, Comte d'Anguyen & de Soissons, & Baron dudit Nogent, a protesté que ce qui sera par nous faict en procedant à la redaction desdites Coustumes ne puisse préjudicier aux droicts de ladite Baronnie de Nogent, ne aux subjects d'icelle.

Et

Et par ledit Brouart pour Messire Loüis de Bourbon, Chevalier de l'Ordre, Prince de Condé, tant de son chef, que comme habile à succeder audit defunct Messire Jean de Bourbon son frere, a esté protesté que quelque presentation qui ait esté faicte par ladite Dame de Touteville, veuve dudit feu de Bourbon, soit disant usufructiere, & autrement en quelque maniere que ce soit, ou par ledit Reffuge audit nom, ensemble ce qu'on pourroit changer ou reformer de l'ancien usage, & Coustume du Pays & Comté du Perche concernant mesmement les dons & doüaires, ne lui puisse prejudicier.

Pour ladite Dame Marquise de Rothelin, comme ayant le bail & garde noble dudit Duc de Longueville son fils, & Baron dudit Longny, a esté par ledit Brulart dit & protesté que la comparution qu'il faisoit, ne puisse prejudicier à ladite Dame, ne estre tirée en consequence, pour l'assubjestir directement ou indirectement audit Comté du Perche : Et qu'il comparoissoit seulement pour le faict de la Coustume dudit Comté du Perche, qui estoit commune en ladite Baronnie de Longny. En laquelle Baronnie toutesfois y avoit plusieurs Coustumes locales & particulieres, qu'il avoit faict rediger, & lesquelles il entendoit cy-aprés nous presenter, pour estre par Nous procedé à la redaction & émologation d'icelles.

Pour ledit Messire Charles de Croy, Chevalier Comte de Senighan, & Seigneur en partie de ladite Baronnie de Longny, a esté pareillement dict & remonstré par ledit Maistre Fiacre le Febvre, que icelle Baronnie ne dependoit de rien de ladite Comté du Perche, ains se meut de la Baronnie de Pont-Gouyn, appartenant à l'Evesque de Chartres. Et comparoissoit à la reformation desdites Coustumes, d'autant qu'icelle Baronnie de Longny est régie & gouvernée par mesmes Coustumes, que ledit Comté du Perche. Protestant que par sadite comparution, il n'entendoit advoüer ladite Baronnie estre du ressort dudit Comté & Bailliage du Perche.

Pour ledit Messire Esprit de Harville, Chevalier Seigneur de Palaiseau & de la Mothe Diversay, ledit Ribot a aussi remonstré que ladite Chastellenie de la Mothe Diversay n'est subjecte ne tenuë dudit Comté du Perche, & que la comparution qu'il faisoit estoit seulement pour le faict de la Coustume dudit Perche, qui est observée en ladite Chastellenie, excepté qu'il y a quelques Coustumes locales & particulieres qu'il a faict mettre par escrit, & lesquelles il entend par cy-aprés nous presenter, pour icelles estre par nous redigées & émologuées.

Ledit Maistre Guillaume Abot, Conseiller du Roy en ladite Cour de Parlement, a dit qu'il comparoissoit à la redaction desdites Coustumes, comme Seigneur & Proprietaire de la Terre & Seigneurie de la Chaize, selon & ainsi qu'il est contenu és lettres de don à lui faict, par noble homme M. Jean Abot Doyen de Mante, & Archidiacre de Courbonnois, son frere. Et a ledit M. Guillaume Abot dit & protesté, s'il se trouvoit autre comparution ou protestation faite pour raison de ladite Terre & Seigneurie de la Chaize, que cette presente par lui faite, qu'elle ne lui puisse prejudicier en aucune maniere que ce soit.

Ledit M. Jean Durand pour ledit Messire Guy de Monceaux, Chevalier Seigneur de Houdan, & Dame Françoise Auvé sa femme, a protesté contre le Seigneur de la Frette & autres qui se sont dits Seigneurs de Feuillet, que telle qualité ne lui puisse nuire ne prejudicier au procez qu'il a contre eux, pour raison de ladite Seigneurie de Feuillet.

Pour ledit Seigneur d'Amilly present & en personne, ledit M. Jean d'Aigrefeuille a dit & protesté que ce qui seroit redigé & accordé pour Coustume du grand Perche, ne lui puisse nuire ne préjudicier pour ses Fiefs de Beines & Ferrieres, ne pareillement l'appel qui a esté fait des manans & habitans desdits lieux, parce qu'ils sont du ressort de la Baronnie de Brou, située au Pays du Perche Gouet, où y a Coustumes arrestées & émologuées diverses ausdites Coustumes dudit Comté du grand Perche.

Pour ledit Seigneur de Bethonvillier, ledit le Fabvre a protesté que ce qui sera par nous fait à la redaction desdites Coustumes ne puisse préjudicier aux Droicts qu'a ledit Seigneur en sadite Terre de Bethonvillier, lesquels il rachete, & a accoustumé d'en user.

Nous sur lesdites remonstrances, déclarations & Protestations, sur lesquelles n'avons cy-dessus particulierement faict droict, Avons ordonné que lesdites parties en auront acte pour leur servir, & se pourveoir sur icelles, ainsi qu'il appartiendra par raison.

Ont aussi esté appellez les gens d'Eglise, Nobles, & gens du tiers Estat qui ensuivent. Contre lesquels (le Procureur du Roy ce requerant) avons donné défaut. A sçavoir contre le Reverendissime Cardinal de Bourbon, Abbé de Perseigne, pour ce qu'il tient audit Comté, à cause de ladite Abbaye. Les Doyen, Chanoines & Chapitre de l'Evesché du Mans. Les Doyen, Chanoines & Chapitre de l'Eglise de Sées. Les Religieux, Abbé & Convent de saint Evrou. L'Abbé & Religieux de saint Martin du Val de Chartres. Le Prieur de la Chaize. Le Prieur de Condeau. Le Doyen de la Perriere. Le Prieur de Roussart, aliàs saint Robert. Les Curez de saint Germain de la Couldre, de Gemaiges, de Dancé, de Montgaudry, de saint Quentin, de Blavou, de saincte Gauburge, de Souençay, de Couldray, de Montigny, de Champeaux, de Courcebaraye, de Mesnuz, du Pas saint l'Hommer, de saincte Ceronne, de la Potherie, de Brezolettes, de Preporin, de la Ventrouze, de Maisonmaugis, de Bivillier, de Contrebis, de Corbon, de Randonnay, du Thail, de Malestable, de saint Aignan sur Erre, de Colonnat, de Bellou le Trichart, de la Chapelle Mauligeon, & de Hargenvillier.

Et contre des Nobles. A sçavoir Messire Galois le Bailleul, Chevalier, Maistre d'Hostel du Roy de Navarre, Seigneur des Caisseaux & Long-Pont. Messire Marin de Pluviers, Chevalier Seigneur de Buberthé. Jean du Bois, Escuier Seigneur du Plessis en Dancé. Laurent de Cochefillet, Escuier Seigneur de la Houdarie. Jean Chevalier, Escuier Seigneur de Bethonvillier. Robert de Gaigné, Escuier Seigneur des Sablons. Le Seigneur de saint Denis des Couldrois. Damoiselle Marie de Corboyer, Dame dudit lieu. Martin de Cheverois, Escuier Seigneur de Cherperrine & Marcilly. Damoiselle Magdalaine Chappelain, veuve de feu M. Jacques Boisart, en son vivant Conseiller en la Cour de Parlement à Paris, tant en son nom, que comme garde des enfans dudit défunct & d'elle. Claude le Breton, Escuier Seigneur de la Calabriere & de Grand-mont. François Regnoult, Escuyer Seigneur de Pouvray. Jean du Grenier puisné, Seigneur de la Pelonniere. Jean Gaubert, Seigneur de saint Lubin. Le Seigneur de la Saulsaye en Vaulnoise. Le Seigneur des Mothayes. Claude de Milleville, Seigneur de la Congnardiere. Robert du Grenier, Seigneur de Boiscordes. Le Seigneur de la Belleure en Pervencheres. Le Seigneur de la Fiansé en saint Cyr. La veuve & heritiers du Seigneur de l'Hermitiere. Le Seigneur de la Lande en Fer-

vencheres. Le Seigneur de la Roziere en Thorouvre. Le Seigneur de
la Courtiniere. Le Seigneur de Launay en Dancé. Le Seigneur de
Souette. Le Seigneur du Buisson. Le Seigneur de Villiers en Thorouvre. Le Seigneur des Espinais. Le Seigneur de Courthon en Coullimer. Le Seigneur de Barville. Le Seigneur de Brulay. Le Seigneur
de la Bretonniere en Coudreceau. Le Seigneur de Boisgaurier. René
du Fay, Seigneur de S. Denis en Ceton. Le Seigneur de Boucqueval.
Le Seigneur d Malestable près Longny. Le Seigneur de Brezolles.
Jean de la Tour, Seigneur du Pin & du Hamel en Ceton. La veuve Jean Desfeugerais. La veuve & heritiers du feu Seigneur de Launay en Ceton. La veuve & heritiers du feu Seigneur de Bourguinie-
res. Le Seigneur de la Pervencheres en saint Cyr. Damoiselle Jeanne
de Surmont, Dame de Lignerolles. La veuve du feu Seigneur de
saint Quentin de Blavou. La veuve & heritiers de feu Joachin du
Crocher, Seigneur de la Joustriere. Baudouin de Garguesalle, Seigneur de Beaulieu. Le Seigneur de Mere-Eglise. La veuve & heritiers
du feu Seigneur Desforts en Nonvillier. Les Seigneurs de la Forest
en la Paroisse du Fauril. Le Seigneur du Perruchay. Le Seigneur Dar-
denay. Le Seigneur de Jarsant. François de Souchay, Escuier Seigneur
des Loges. Damoiselle Jeanne Gislain, Dame de Lienge. Pierre Die-
bles, Escuier Seigneur de saint Jean de la Forest. Jacques Cha-
ron, Escuier Seigneur de la Heyere. Claude de Vausslé, Escuier Seigneur de la Gauderiere. François du Crocher, Seigneur de la Proustie-
rie, tant en son nom que comme garde des enfans mineurs de défunct Guillaume de Malaize & de la Grav lle. René de Voré, Escuier
Seigneur de Bures. Jacques de la Bretonniere, Escuier Seigneur
de Vanhamé. Jean de Trousseanville, Escuier Seigneur de Chef-
nebrun. Charles Gislain, Escuier Seigneur de Boysguillaume. Jean
Luysel, Escuier Seigneur de Mere & Blavou. Bertrand Seaulme,
Escuier Seigneur du Mesnil. Odard de Rogues, Escuier Seigneur
de la Fouderiere. François de Bailleul, Escuier Seigneur de Percé.
Guillaume Bailleul, Escuyer Seigneur de Broz. Cleriadus Rohare,
Escuier Seigneur de Meschetif, & Jean de Moriette, Seigneur de la
Gourdiniere.

Et aussi contre les gens du tiers Estat, Habitans des Villes &
Villages qui ensuivent. C'est à sçavoir de saint Cierge, de Nonvillier, de Bure, de Bazoches, de saint Germain, de Martigny, de
saint Estienne sur Sarte, de saint Ouen, de Sachouroux, de
sainte Ceronne, de Bresolletes, de saint Sulpice, de Contrebis, de
Malestable, de saint Martin des Pezeriz, de Montigny, de Hargenvillier & de Beaumont, de saint Pierre du Faveril, non comparans
en personnes, ni par Procureurs. Avons donné défaut, sauf la seeance,
portant tel profit que de raison.

Ce faict, avons faict faire le serment aux gens desdits trois Estats
en tel cas requis & accoustumé. A sçavoir qu'en leurs loyautez &
consciences, ils nous rapporteroient ce qu'ils auroient veu garder
& observer des Coustumes anciennes desdits Comté & Bailliage du
grand Perche, & Pays qui sont gouvernez selon icelles. Et ce qu'ils
en sçauroient (cessant toute affection privée & particuliere) & ayans
seulement égard au bien public, nous disans aussi leur advis & opinion de ce qu'ils trouveront dur, rigoureux & desraisonnable des
Coustumes anciennes cy devant par eux observées. Pour comme tel
estre par nous (selon qu'il nous est mandé par lesdites lettres de commission) tempeté, moderé, corrigé, ou du tout tollu & abrogé. Ce
que ils nous ont promis & juré de faire.

Et le Mardy 16. dudit mois, avons commencé en présence desdits Officiers & gens des trois Estats à faire lecture dudit cahier, & continué à ce faire les autres jours suivans, matinées & après-difnées, jusques au Samedy 30, & penultiefme dudit mois incluſivement, & à la lecture de l'intitulation dudit cahier, dont la teneur eſtoit, *Couſtumes du Grand Perche, anciens reſſorts & enclaves d'icelui.* A eſté par leſdits Durand & Goullet, dit & remonſtré pour les Seigneurs dudit Nogent, que la Baronnie dudit Nogent eſtoit des anciens reſſorts du Bailliage de Chartres, dont elle a eſté éclipſée & annexée au Comté du Perche par proviſion, & depuis quarante ans ſeulement. Combien qu'elle ſoit tenuë en foy & hommage dudit Comté à cauſe du Chaſteau de Belleſme, & que de tout temps ils ſe ſoient regis & gouvernez ſelon les Couſtumes du Pays du grand Perche. Et que par les anciennes Chartes & Lettres du Roy addreſſantes aux Eſleus d'Alençon, & du Perche, a eſté & eſt par chaſcun an faicte ſpeciale mention dudit Nogent le Rotrou, comme annexe dudit Comté du Perche. Requerant à cette cauſe que le ſemblable fuſt fait à ladite intitulation deſdites Couſtumes. Auſſi par ledit Brulard pour ladite Marquiſe de Rothelin audit nom, & Ribot pour ledit Seigneur de Palaiſeau, a eſté remonſtré que les Baronnie de Longny & Chaſtellenie de la Mothe Diverſay ſont du Pays Chartrain, reſſort du Bailliage de Chartres. Combien que de tout temps & ancienneté, ils ayent uſé deſdites Couſtumes du grand Perche, requerans pareillement que ſpeciale mention fuſt faite à l'intitulation deſdites Couſtumes deſdites baronnie & Chaſtellenie. Et par ledit Subſtitut du Procureur General du Roy, a eſté dit & ſouſtenu que ladite terre de Nogent & ce qui en dépend eſt de tout tems & ancienneté du Comté & Domaine du Perche, tenuë du Roy à cauſe de ſon Chaſtel & Chaſtellenie de Belleſme au debvoir de foy & hommage & rachapt, & autres debvoirs, reſſortiſſant nuement par appel audit Belleſme, & dudit Belleſme en ladite Cour de Parlement, & n'ont jamais reſſorty audit Chartres, ſinon pour raiſon des cas Royaux, lors que les Ducs d'Alençon ont tenu ledit Comté du Perche en appanage de la Couronne de France. Et quant auſdites Baronnie & Chaſtellenie de Longny & de la Mothe Diverſay, a eſté d'accord avec leſdits Brulart & Ribot, qu'ils ne ſont dudit Comté & reſſort du Grand Perche. Néantmoins ſont regies & gouvernées ſelon les Couſtumes dudit Comté & Bailliage du Perche. Et que le pareil eſt de la terre de Marchainville. A ces cauſes a eſté par nous ordonné que ladite intitulation ſera faite en la maniere qui s'enſuit : *Couſtumes des Pays, Comté & Bailliage du Grand Perche, & des autres Terres & Seigneuries regies & gouvernées ſelon iceux,* pour (ce faiſant) y comprendre leſdites Baronnies de Nogent, Longny & Chaſtellenie de la Mothe Diverſay, & autres de pareille qualité & condition. Et ce ſans préjudice du debat faict par ledit Subſtitut pour le regard dudit Nogent.

TITRE PREMIER.

DES DROICTS DE BARONNIE, CHASTELLENIE haute, moyenne, & basse Justice.

Le premier article commençant par ces mots, *Au Seigneur Baron*, deuxiesme commençant par ces mots, *Aussi luy appartient*, & troisiesme commençant par ces mots, *Outre luy appartiennent*, ont esté par l'advis desdits Estats adjoustez comme anciens, mais ayans esté obmis audit cahier. Ce qui a esté accordé par ledit Substitut du Procureur general, quant aux Barons du Comté du Perche, excepté pour le regard du Baron de saint Frogent, lequel il a dit n'avoir qu'un seul dégré de Jurisdiction qui s'exerce par un Bailly, & n'a sceaux, merques, ne mesures, ains use des sceaux, merques & mesures du Roy en sa Chastellenie de la Perriere, par ledit Robart soustenu & protesté au contraire pour ledit Baron. Sur quoi avons ordonné que lesdites parties auront acte de leurs déclarations.

Le neuviesme article commençant par ces mots, *Au Seigneur Haut-Justicier*, a esté accordé par lesdits Estats en la maniere qu'il est couché au lieu d'un autre article estant audit cahier, dont la teneur ensuit : *Les Hauts-Justiciers ont cognoissance de toutes actions : peuvent aussi donner treuves & asseurances entre leurs subjects.*

L'Article dixiesme commençant par ces mots, *Pour bannir*, a esté par l'advis desdits Estats adjousté, comme ancien, mais ayant esté obmis audit cahier.

A l'article unziesme commençant par ces mots, *Le Haut Justicier*, ont esté par l'advis desdits Estats adjoustez ces mots, *Et les faire reédiffier quand elles seront abbatuës, sans cognoissance de cause & ministere de Justice.*

Les articles douziesme commençant par ces mots, *Doit ledit haut*, treiziesme commençant par ces mots, *Doit avoir lieu certain, & quatorziesme commençant par ces mots, *Doit pareillement avoir*, ont de l'advis desdits Estats esté adjoustez & mis au lieu d'un article audit cahier, lequel a esté rayé comme n'ayant eu lieu par cydevant, dont la teneur ensuit : *Exerceront leurs Jurisdictions en Auditoires Royaux, & principaux de leur ressort ancien & immediat, & non ailleurs.*

Sur le quinziesme article commençant par ces mots, *Au Haut-Justicier*, a esté remonstré par ledit Substitut du Procureur General, qu'au Roy seul appartient le droict d'espaves, & qu'aux baux faits par ledit Seigneur sont specialement baillez lesdits droicts qui reviennent à grosses sommes de deniers à la recepte de son Domaine. Ce qui a esté dénié par lesdits Estats, qui ont maintenu les Hauts-Justiciers avoir toujours jouy dudit droict d'espaves en toutes hautes Justices : Avons ordonné que ledit Substitut aura acte de sa remonstrance. Et sur ce que René le Lievre Escuier a maintenu que aussi aux moyens Justiciers appartient droict d'espaves, requerant qu'il en fust fait article de Coustume : Ce que pareillement a esté requis par aucuns de la Nobleſſe, ſouſtenu au contraire par ledit Subſtitut. La matiere miſe en déliberation: Avons ordonné qu'il n'en ſera fait aucun article de Couſtume, ſauf auſdits moyens Juſticiers leur droict, tel qu'ils peuvent avoir par tiltre & poſſeſſion immemoriale, & non autrement, & que ledit article quinzieſme demeurera ainſi qu'il eſt. Auquel & pour plus grande explication d'icelui (ce requerant ledit Bien-Aſſis pour l'Eſtat d'Egliſe) ont eſté adjouſtez ces mots: *Sinon que ce fuſt Fief appartenant à l'Egliſe & amorty, auquel cas ne laiſſe à avoir ledit droict, encores qu'il ne ſoit comprins & employé en adveu.*

Sur le dix-neuvieſme article commençant par ces mots, *qui confiſque,* ledit Subſtitut du Procureur General a remonſtré, qu'en crime de Leze-Majeſté divine, la confiſcation appartient au Roy ſeul, privativement à tous autres, comme en crime de Leze-Majeſté humaine, Souſtenu au contraire par les Seigneurs Hauts Juſticiers prétendans audit cas de crime de Leze-Majeſté divine la confiſcation leur appartenir. Au moyen dequoi avons ordonné que ledit article paſſera ainſi qu'il eſt, ſans préjudice dudit débat, pour lequel avons renvoyé leſdites parties à la Cour de Parlement: Pour, ledit Procureur General du Roy & elles oüis, en eſtre ordonné ainſi qu'elle verra eſtre à faire par raiſon.

L'article vingt-unieſme commençant par ces mots, *Aux Seigneurs moyens Juſticiers.* A eſté par l'advis deſdits Eſtats accordé en la maniere qu'il eſt couché, nonobſtant la remonſtrance faite par aucuns de l'aſſiſtance, prétendans qu'aux moyens Juſticiers auſſi appartient la cognoiſſance des actions réelles & petitoires.

Sur le vingt-quatrieſme article commençant par ces mots, *Aux Seigneurs Bas-Juſticiers,* ledit du Fay pour l'Eſtat de Nobleſſe a dit, qu'auſdits Bas-Juſticiers doit appartenir en premiere inſtance la cognoiſſance des actions perſonnelles, juſques à certaine ſomme qui doit eſtre limitée par l'aſſiſtance. Et par aucuns tant de l'Eſtat de Nobleſſe que Practiciens, a eſté dit & rapporté qu'il y a Couſtume ancienne audit Pays, par laquelle la cognoiſſance des actions perſonnelles appartient aux Bas-Juſticiers, pourveu que la partie appellée veuille prendre droict par un ſeul témoin. Et où elle ne voudroit ce faire, que l'Officier du Bas-Juſticier doit renvoyer la cauſe pardevant le Juge ordinaire. Et à ceſte fin nous ont exhibé un viel cahier eſcrit à la main, non ſigné, contenant ce que deſſus. Ce qui a eſté empeſché par ledit Subſtitut du Procureur General du Roy, comme eſtant ladite prétenduë Couſtume barbare, inepte, & deſraiſonnable, & que leſdits Bas-Juſticiers n'en ont aucunement jouy. Ce qui a eſté pareillement empeſché par ledit Gouyn pour le tiers Eſtat. La matiere miſe en déliberation, Avons ordonné que ledit 24. article (ainſi qu'il eſt couché) paſſera par Couſtume. Et ſur ce que leſdits Bas-Juſticiers ont voulu prétendre plus ample cognoiſſance que ce qui eſt contenu audit article, les avons renvoyez à ladite Cour au lendemain de la ſaint Martin d'hyver prochain, pour eux oüis avec ledit Procureur general du Roy, leur eſtre pourveu ainſi que de raiſon.

Sur les articles 25. commençant par ces mots, *Il eſt loiſible* 26. commençant par ces mots, *Et où le ſubject.* 27. commençant par ces mots, *Et n'eſtant.* & 28. commençant par ce mot, *Toutesfois.* ledit Gouin pour les habitans dudit Nogent a remontré qu'il eſt loiſible auſdits habitans de faire moudre leur bled où bon leur ſemble. Souſtenu au contraire par ledit Durand & Goulet pour leſdits Seigneurs de Nogent. La matiere miſe en déliberation: Avons ordonné que

lesdits habitans auront acte de leur remonstrance, pour sur icelle eux
pourvoir ainsi que de raison. Et que neantmoins lesdits articles de-
meureront.

En procedant en outre à la lecture desdits articles, a esté leu un
article estant audit cahier, dont la teneur ensuit, *Lesdits bas Justiciers peuvent contraindre leurs hommes tenans d'eux à foy & hommage,
de faire receantise par eux, ou gens pour eux sur le lieu qui est subject
à porter l'hommage, ou leur payer pour non receantise deux sols six deniers tournois. Pourveu que d'ancienneté y ait eu maison manable.* Lequel
article par l'advis desdits Estats a esté rayé pour n'avoir lieu à l'advenir. Sans prejudice toutesfois des droits acquis, & des procez pour
ce pendans.

Aussi a esté leu un autre article estant audit cahier, dont la teneur ensuit : *Le Roy Comte du Perche a prévention en matiere criminelle
sur les subjets dudit Comté.* A la lecture duquel M. Nicole Neveu Bailly
de Moustiers s'est opposé pour ledit M. Jean Horaut, Prieur commandataire dudit Moustiers, Seigneur & Chastellain temporel dudit lieu, disant ledit article n'avoir jamais eu lieu. Auquel ont adheré les gens
des trois Estats. Et sur ce ouy ledit Substitur du Procureur general du Roy,
avons par l'advis de l'assistance ordonné que ledict article ne passera par
Coustume.

Et par lesdits maistre Richard Labbé Vicomte du Perche, Jean
Aboe Lieutenant general, & Galleran du Fay Lieutenant particulier
audit Vicomté, a esté remontré que par la Coustume du Comté du
Perche de tout tems & ancienneté gardée & observée, & par le premier chapitre de l'ancien cahier d'icelle y avoir articles contenans le
reglement des Bailly & Vicomte du Perche, que neantmoins M.
Jacques Courtin à present Bailly dudit Perche, voulant autoriser sa
jurisdiction auroit obmis à mettre audit cahier qu'il nous a baillé,
& desquels articles la teneur ensuit.

*Le Vicomte du Perche selon la Coustume du pays,
est Juge ordinaire, & à lui seul appartient la connoissance de toutes causes & matieres tant criminelles que
civiles en premiere instance.*

*ITEM, au Bailly dudit Comté selon ladite Coustu-
me, appartient la connoissance des causes d'appel seulement, fors & excepté des causes & matieres en
premiere instance des vassaux dudit pays qui sont hauts
Justiciers, quand il est question de leur haute Justice.*

*ITEM, audit pays y a trois Chastellenies apparte-
nantes nuement audit Comté du Perche. C'est à sçavoir Mortaigne, Bellesme & la Perriere, & en chacune desdites Chastellenies y a Sieges, où ledit Vicomte a accoustumé de tenir plaids de Vicomté.*

*ITEM, au regard dudit Bailly y a deux Sieges
d'Assises : C'est à sçavoir, l'un pour la Chastellenie*

de Mortaigne, l'autre pour lefdites Chaſtellenies de Belleſme & la Perriere audit lieu de Belleſme.

Iᴛᴇᴍ, en chacune deſdites Chaſtellenies y a Ser-gent pour faire les exploicts de Juſtice, leſquels ſont commis, inſtituez & reçeus à ſerment par le Vicomte du Perche ou ſon Lieutenant.

Nous requerans les deſſuſdicts L'abbé, Abot & du Fay vouloir iceux articles rediger & arreſter pour Couſtumes. Ce qui a eſté em-peſché par ledit Courtin Bailly du Perche, diſant que ce n'eſtoit aux Eſtats à faire reglement entre lui & ledit Vicomte, ains ap-partenoit au Roy, qui l'avoit pourveu dudit eſtat de Bailly, pour jouyr d'iceluy en telle authorité, preéminence & juriſdiction, qu'ont les autres Baillifs de ce Royaume, ſelon & en ſuivant les Edicts Royaux & Arreſts de ladite Cour, par leſquels la juriſdiction deſ-dits Baillifs & autres Juges ſubalternes, comme Prevoſts & Chaſtel-lain tel qu'eſt ledit Vicomté, eſt reiglée & limitée, & en ceſte qua-lité & condition a eſté reçeu audit Office de Bailly, par la Cour de Parlement, en laquelle auſſi pour raiſon dudit reglement y a pro-cez pendant entr'eux. Déniant au ſurplus ledit Bailly leſdits pré-tendus & alleguez articles avoir eſté oncques reçeus & obſervez pour Couſtume audit Comté du Perche. Et que au contraire de tout tems & ancienneté audit Bailly dudit Perche a appartenu la cognoiſſan-ce des cauſes des Nobles vivans noblement, des terres nobles entre quelques perſonnes que ce ſoit, la prévention en toutes cauſes crimi-nelles, cognoiſſance des ſubjects, & des Hauts-Juſticiers, & genera-lement tout ce par iceux Edicts & Arreſts eſt attribué à la cognoiſſance des Baillifs, Seneſchaux, & autres Juges reſſorriſſans ſans moyen à ladite Cour de Parlement. Surquoi avons ordonné que leſdites parties ſe pourvoyeront en ladite Cour pour le reglement de leurs Offices ainſi que de raiſon.

Auſſi par M. Jean Rahier, Eſcuier Seigneur de Maiſonmaugis, nous a eſté preſenté requeſte contenant qu'à cauſe de ſadite Seigneu-rie de Maiſonmaugis, où il y a haute, moyenne & baſſe Juſtice, lui appartiennent les droicts de peage, travers & eſpaves, dont lui & ſes predeceſſeurs ont toujours jouy de tout temps & immemorial, & ont racheptré leſdits droicts du Comté du Perche, à cauſe de ſa Chaſtellenie de Mortaigne, ainſi qu'il offroit preſentement faire ap-paroir. Et neantmoins en ſon abſence, auroit eſté paſſé par Cou-ſtume, qu'aux Seigneurs Chaſtellains ſeuls leſdits droicts de peage, travers & eſpaves appartenoient, à ſon grand préjudice & dommage. Requeroit à ceſte cauſe qu'il lui fuſt reſervé pouvoir jouyr deſdits droicts, tout ainſi que lui & ſes predeceſſeurs avoient accouſtumé de jouyr & uſer, comme dit eſt, & en charger noſtre procez ver-bal. Surquoy avons ordonné que la requeſte ſeroit employée en no-ſtredit procés verbal, à la conſervation de ſon droict & poſſeſſion immemoriale (ſi aucun en avoit) auſquels n'entendons par la redaction deſdites Couſtumes aucunement préjudicier.

TITRE

TITRE SECOND.

DES FIEFS.

SUr le xxxix. article commençant par ces mots, *La taxe & estimation*. Ledit Goullet pour les sieurs de Nogent & de Regmaillard a remonstré que par cy devant l'estang pour chacune bonde a esté racheté de soixante sols tourn. & quand il excedoit dix arpens en eaue, chacun arpent se rachetoit dix sols tournois. Semblablement que la garenne à connils n'excedant dix arpens, se rachetoit soixante sols tournois. Et où elle excedoit les dix arpens, le surplus se rachetoit pour la qualité de la terre d'icelle garenne. Requerant qu'il fust ainsi arresté pour coustume, disant aussi que pour raison de ce y a procés pendant pour le rachapt de la Seigneurie de Feuillet. De laquelle remonstrance luy avons octroyé acte. Et neantmoins par l'advis desdits Estats ordonné que ledit article pour le regard du rachapt de l'estang & garenne passera pour coustume, sans préjudice du passé, & des procés pour ce intentez. Et sur autres remonstrances faictes par ledit Goullet, par l'advis que dessus, ont esté adjoustez ausdits articles ces mots, *Droit de Peage & travers soixante sols tournois*, comme ayant esté obmis audit cahier.　*Art. 39.*

L'article xliiij. Commençant par ces mots, *Ledit adveu*, A esté accordé pour l'advenir, sans préjudice du passé.　*Art. 44.*

L'article xlviij. commençant par ces mots, *Et quant aux chapitres.* Suivant la remonstrance faite par ledit Bien-assis pour l'estat de l'Eglise, de l'advis de l'assemblée, a esté adjousté pour avoir lieu à l'advenir.　*Art. 48.*

Les articles liiij commençant par ces mots, *Et n'est tenu.* liv. commençant par ces mots, *Si ledit Seigneur de Fief*, & cinquante sept, commençant par ces mots, *Et où ledit Seigneur de Fief*, ont esté adjoustez & de nouvel introduits par lesdits Estats.　*Art. 53. 54. 57.*

A la lecture du soixante troisiéme article commençant par ces mots, *Peuvent neantmoins*, lesdits Seigneurs d'Amilly & de Thorouvre ont dit que par par Coustume observée de tout tems audit pays du grand Perche, les puisné ou puisnez ont relevé de leur aisné indifferemment, sans qu'il leur fust loisible de pouvoir relever de leur Superieur de fief, & se sont opposez à ce que ledit article passe pour Coustume. Neantmoins & nonobstant leursdites oppositions, de l'advis desdits Estats, avons ordonné que tel article demeurera.　*Art. 63.*

L'article soixante quatre commençant par ces mots, *Diminue aussi le rachapt*, Par l'advis que dessus a esté arresté pour Coustume, sans préjudice des procés qu'aucuns de l'assemblée ont dit estre pendans en ladicte Cour de Parlement pour raison du contenu en iceluy.　*Art. 64.*

A la lecture d'un article estant audict cahier, & dont la teneur ensuit.

Si gens d'Eglise, Frairies, Communitez, ou autres

main-mortes acquierent ou leur soient donnez aucuns heritages, rentes ou domaines, le Seigneur de fief, auquel sont lesdictes choses situées & assises, & n'eust-il que Basse-Justice, leur peut faire faire par ses Officiers injonction de mettre hors de leurs mains dedans un an en suivant icelle injonction lesdits Heritages, Rentes ou Domaines par eux acquis, ou qui leur auroient esté donnez. Et l'an & jour passez s'ils n'ont obey à ladite injonction, le Seigneur pourra faire saisir & faire siens les fruicts & revenus d'icelles choses jusques à ce qu'ils ayent obey à ladicte injonction. Mais est tenu le Seigneur recevoir pour eux homme vivant & mourant. Et si le Seigneur duquel les heritages sont tenus nuement ne vouloit faire ladite injonction, le Seigneur ou Seigneurs superieurs le pourront faire & user du droict dessusdict.

Ledict Bien-assis pour le Clergé, a remonstré que ledit article n'avoit eu lieu pour le passé. Toutesfois où l'on voudroit recevoir pour Coustume de faire vuider les gens de main morte leurs mains des heritages par eux acquis, que cela devoit avoir lieu pour l'advenir, & pour les nouvelles acquisitions seulement, sans y comprendre les Domaines anciens de l'Eglise & choses amorties. Empeschant au surplus qu'autre que le Seigneur de fief immediat use dudict droit, & puisse faire vuider les mains des gens d'Eglise desdicts heritages par eux acquis. Sur lesquelles remonstrances eu l'advis desdicts Estats, & suivant iceluy avons au lieu dudict article, arresté pour Coustume, le 67. article commençant aussi par ces mots, *Si gens d'Eglise*, le iceluy mis & redigé par escript ainsi qu'il est, pour avoir lieu pour l'advenir, sans préjudice du passé, & des procez qui en sont pendans.

L'article 75. commençant par ces mots, *Le bois*, a esté accordé pour l'advenir, sans préjudice du passé.

TITRE TROISIEME.
DES CENS ET DROICTS SEIGNEURIAUX.

SUr l'article 81 commençant par ces mots, *L'acquereur d'heritages*, Ledict Cardinal pour le tiers estat de la Mothe Diverlay, nous a dit & remonstré que au destroict & jurisdiction de la Chastellenie de ladite Mothe Diverlay y a Coustume speciale, par laquelle l'acquereur de l'heritage tenu à cens n'est tenu de faire exhibition de ses lettres d'acquisition, si premierement il n'en est requis par le

Seigneur censuel, tellement qu'il n'encoure l'amende par faute d'avoir
ce faict dedans quarante jours ou autre temps que ce soit. Mais
seulement est tenu de faire ladite exhibition, quand il en est requis par le Seigneur. Protestant que où voudrions arrester ledit article pour Coustume, que ce soit sans préjudice de ladite Coustume,
speciale, desquelles remonstrances & protestations luy avons donné
acte. Et nonobstant icelles de l'advis desdits Estats arresté ledit
article pour Coustume generale, & sauf de pouvoir faire rapporter
par cy après & pendant nostre seance ladite Coustume, & autres
qu'il pretend estre locales en ladite Chastellenie, ainsi qu'il appartient & en la maniere, en tel cas accoustumé.

Sur l'article 82. commençant par ces mots, *Le Seigneur censuel*, *Art. 82.*
ledit Cathinal a aussi pour ledit tiers Estats de la Mothe Diversay
dit & remonstré que pareillement y avoit Coustume speciale en ladite Chastellenie de la Mothe Diversay, & par tout le destroit &
jurisdiction d'icelle, par laquelle si le debteur de cens ou double
cens depuis le Seigneur censuel au jour que escheoit à payer ledit cens
que ledit debteur payant huit jours après ledit depriement est exempt
de l'amende & de la saisie contenue audit article. Auquel protestant, comme dessus, avons de l'advis desdits Estats donné semblable
ordonnance, que celle de l'article precedent.

A l'Article 85. commençant par mots, *Le Seigneur a toutes mu-* *Art. 85.*
tations, Ont esté par l'advis desdits Estats adjoustez & interposez ces
mots, *A toutes mutations advenues d'un costé ou d'autre*

Sur le 86. article commençant par ces mots, *Par ladite Coustume,* *Art. 86.*
Ledit Bien assis pour ledit Clergé a remonstré que non seulement
pour les choses tenues à Droict de Cens, sont deubs Lots & Ventes, mais aussi sont deubs pour heritages tenus en champart, Avenages, Rente Feudale, & autre pareil droict, qu'il a dict equipoler
à Droict de Cens, encores que pour lesdits heritages ne soit deu
aucun Droict de Cens, & que dudit droict de tout temps immemorial les Doyen, Chanoines & Chapitre de l'Eglise de Tours pour
leurs terres de Viviers, sainct Hilaire & autres qu'ils ont audit Comté du Perche en ont usé, comme pareillement en ont usé les Prieur
& Prevost de sainct Denys de Nogent, & en a ledit Prevost obtenu sentence & arrest à son profit. Au moyen dequoy s'est opposé
& a empesché que ledit article passe pour Coustume, sinon qu'il
soit reservé à ceux qui ont jouy dudit droict d'en jouyr & user,
comme ils ont faict par cy-devant.

Semblables Remonstrances, Requestes & Empeschemens ont esté
faictes par ledit Goullet pour la Baronnie dudit Nogent, Chastellenies qui en dependent, & la Chastellenie de Regmallard. Et par
lesdits Sagot & Sanctu, pour ladite Dame de Marcheville & Orieux,
pour raison des heritages tenus à Rente infeodée, Avenages, Chap-
pons, Poullets, ou autres debvoirs Seigneuriaux, pretendant que
pour raison d'iceux sont deubs Lots & Ventes, & que lesdits Seigneurs & Dame & leurs predecesseurs en ont de tout temps & immemorial jouy esdites Seigneuries de Nogent, Regmallard, Marcheville
& Orieux. Et par ledit M. Thomas Bon-Enfant a esté dict & remonstré pour les Habitans de Moustiers, qu'au Prieur dudit Moustiers
n'appartient aucun profit de vente combien qu'il ait Droict de
Censive, parce que le Cens à luy deu en ladite Parroisse de Moustiers, à cause de sondit Prieuré, & simple prestation annuelle
donnée au Prieur dudit lieu par les Comtes du Perche Fondateurs
dudit Prieuré, qui n'emportent aucun droict de ventes ne profit
Seigneurial, joinct qu'en la Chastellenie de Mortaigne en la...

est situé ledit Prieuré, ne sont duës aucunes ventes, aussi ledit
Prieur n'en a jamais jouy, & y a Procez pour raison de ce entre
ledit Prieur & lesdits habitans, pendant tant pardevant le Bailly
du Perche, qu'en ladite Cour de Parlement. Empeschant que ladite
Coustume ait lieu, pour le regard desdits Habitans de Moustiers.

Et par ledit Maistre Charles Souefve pour les Manans & Habitans de Bertoncelles & Dorceau, A esté pareillement dit & remonstré que pour les Heritages que tiennent à Cens lesdits habitans dudit Prieur de Moustiers ne sont deuës aucunes ventes, & que de ce ils ont obtenu Sentence & Arrest à leur profit. Joint que lesdits Villages sont scituez en ladite Chastellenie de Mortaigne, en laquelle ne sont deuës aucunes ventes. Et par ledit Goullet pour les Seigneurs de Nogent Seigneurs de Riveré, a esté dit & remonstré que lesdits Seigneurs ont donné & aulmosné audit Prieur plusieurs Cens, pour les percevoir simplement, sans aucun profit de Lots & Ventes, & sans pouvoir contraindre pour ledit Cens les redevables d'iceluy, par devant autre Juge que celuy de la Chastellenie dudit Riveré, s'estant reservé la Jurisdiction sur lesdites Censives, empeschant que ledit Seigneur de Moustiers puisse par le moyen de ladite Coustume exiger aucunes ventes sur lesdits Heritages assis audit Riveré, Ressort & Destroit d'iceluy. Au contraire par ledit Maistre Nicole Nepveu pour ledit Maistre Jean Hurault Prieur Commandataire de Moustiers, a esté dict que lesdits Bon-Enfant & Souefve n'avoient pouvoir ou Procuration de faire lesdites remonstrances, & que ledit Prieur est Seigneur temporel de ladite Chastellenie de Moustiers, laquelle s'estend és Parroisses de Dorceau Comté, Riveré, Bertoncelles, & le pas Saint Homer, Menuz & autres, du tout distincte & separée de ladite Chastellenie de Mortaigne, & n'estoit aucunement subjecte d'icelle, de laquelle aussi elle estoit distante de six lieuës ou environ: Esquelles Paroisses ledit Prieur a grande quantité de terres subjecte à Cens, portant profit de ventes, quand lesdites terres sont venduës ou alienées. Et que desdites ventes luy & ses prédecesseurs ont esté toujours payez, & en sont en possession immemoriale, & qu'au vieil Coustumier y avoir article special pour ledit lieu de Moustiers & Regmallard, portant qu'ausdits lieux ventes sont deuës. Requerant par l'Article contenu au cahier qui a esté presenté, portant aussi qu'ausdites Chastellenies de Regmallard & Moustiers Ventes ont lieu, demeure pour Coustume nonobstant les oppositions faictes au contraire. Pareillement par ledit Nepveu a esté dict & remonstré par ledit Reverendissime Cardinal de Tournon, Abbé de Saint Homer de Blois, Religieux & Convent dudit lieu, qu'il y avoit plusieurs Cens & Droicts de Ventes en ladite Chastellenie de Moustiers, employant ce que pour ce regard il en avoit dit pour ledit Seigneur de Moustiers. Surquoy avons ordonné que les Parties auront actes de leurs remonstrances, pour leur valoir, & sur icelles se pourvoir ainsi que de raison. Et neantmoins de l'advis desdits Estats avons ordonné que ledit Article octante sixiesme, ainsi qu'il est couché, passera pour Coustume, sans préjudice des Tiltres, Possessions immemoriales, Jugemens, Arrests & autres Droicts particuliers des Parties, ausquels n'entendons aucunement deroger.

Sur l'Article lxxxvij. commençant par ces mots, *Et quant à la Baronnie*. Par ledit Gravelle pour les Bourgeois de Longny, a esté dict & remonstré, que pour les maisons & heritages situez en ladite Bourgeoisie de Longny, de tout temps & ancienneté ont esté
deuës ventes à la raison de dix deniers tournois pour livre seule-

Art. 87.

ment, & double Cens, quand il y escheoit, & que ledit Cens
de Bourgeoisie estoit requerable par ledit Seigneur. Et de ce s'en est
rapporté audit Brulart Procureur dudit Seigneur de Longny. Ce
qui a esté accordé & consenty par ledit Brulart : disant toutesfois
qu'aprés que ledit cens de bourgeoisie auroit esté requis par ledit Seigneur
de Longny, la huictaine passée, en defaut de payement dudit cens
par le Bourgeois dudit Longny, ledit Seigneur le pouvoit contraindre au
payement dudit cens, & exiger l'amende de sept sols six deniers tourn.
Dont lesdits Gravelle & Brulart ont respectivement requis acte, &
leursdites remonstrances estre employées en nostre Procez Verbal.
Ce que leur avons octroyé. Et par ledit Maistre Jean Du-Bois Procureur de ladite Dame Antoinette de Sainct Pere, Dame de Clinchant, & de Vauvineux, A esté remonstré qu'elle à cause de son
Chastel & Seigneurie de Clinchant a Droict de Cens sur plusieurs
maisons & heritages situez en la Bourgeoisie de Bellesme. Et que à
cause dudit Cens luy appartient Droict de Ventes, le cas de vendition advenant, & à ceste Cause empeschoit pour ladite Dame,
que le Roy print droict de ventes sur lesdites Maisons & Heritages
situez en ladite Bourgeoisie tenuës audit debvoir. Protestant que ledit article ne luy puisse prejudicier à ses droicts : desquelles remonstrances & protestation, luy avons octroyé acte.

Sur l'Article 88. commençant par ces mots, *En eschange*. Par *Art. 88.*
ledit Bretonniere Substitut du Procureur General du Roy audit Bellesme, a esté dit & remonstré que ledit Seigneur a Droict de Bourgeoisie par tout le Lieu & Faulxbourgs dudit Bellesme, iceluy
droict equipollent à Droict de Cens, pour lequel est deub indifferemment en tous Contracts faicts simplement, purement, par eschange ou autrement, Droict de ventes, à raison de vingt deniers tournois pour livre, soit que les Maisons & Heritages estant audit lieu
& Faulxbourgs de Bellesme soient redevables de Cens, Rente Infeodée, ou d'autre debvoir. Et que de ce ledit Seigneur est en jouyssance
& possession immemoriale, & est baillé ledit droict de deux ans en
deux ans au plus offrant & dernier enchetisseur, comme les autres
Fermes muables du Domaine dudit Seigneur en sadite Chastellenie
de Bellesme. Le semblable a esté dict & remonstré par ledit Goullet,
disant que pour eschanges faicts en diverses Seigneuries est deu profit de ventes, & que les Seigneurs dudit Nogent & Chastellenies
qui en dependent, & Regmallard, en ont continuellement & im-
memorialement jouy, empeschant que ledit article passe pour Coustume pour ce regard. Et par ledit Sagot pour ladite Damoiselle Gabrielle Sapin, veuve de feu Maistre Denys Riant, en son vivant
Conseiller du Roy, & President en ladite Cour de Parlement, Seigneur des Chastellenies de Villeray en Husson & Asse, A esté dict
& remonstré qu'en sesdites terres & Seigneuries & autres circon-
voisines en eschanges de terres en quelque sorte qu'ils soient faicts
(pourveu que lesdites terres soient en diverses Seigneuries) est deu profit.
A sçavoir de l'heritage tenu à Cens ou Rente Infeodée sont deuës
ventes qui sont de vingt deniers tournois pour livre, & de ce qui
est tenu en hommage est deu rachapt, duquel droict ladite Damoiselle & ses predecesseurs ont toujours en sesdites terres & Seigneuries jouy, & aussi en la Seigneurie de la Chastre qui luy appartient, requerant que où autrement seroit dict & arresté pour Coustume, qu'il luy soit reservé & permis de jouyr de sesdits droicts, ainsi
qu'elle & ses predecesseurs ont faict par cy devant. Pareille remonstrance a esté faicte par ledit Sagot, pour ladite Dame de Marcheville
& des Orieux. Sur quoy de l'advis desdits Estats, Avons ordonné

que ledit article 88. paſſera par couſtume ainſi qu'il eſt ; ſans préjudice dudit Droiᢴ de Bourgeoiſie & des Droiᢴs, Tiltres & Poſſeſſions Immemoriales deſdites Parties ſi aucunes en ont.

Art. 89.
& 92.

Les Articles 89. commençant par ces mots, *Pour Donnations ſimples*, & 92. commençant par ce mot, *Toutesfois*, ont eſté accordes par leſdits Eſtats, pour avoir lieu à l'advenir.

TITRE QUATRIE'ME.

DE DONATIONS.

Art. 94.
95. 96.

LEs Articles 94. commençant par ces mots, *Homme & Femme*, 95. commençant par ces mots, *Et ſera ledit ſurvivant*, 96. commençant par ces mots *Auſſi ſera tenu*, Ont eſté par leſdits Eſtats accordez pour l'advenir, ſans préjudice du paſſé.

TITRE CINQUIE'ME.

DE COMMUNAUTE' DE BIENS.

Art. 106.

L'Article 106. commençant par ces mots, *La Communauté*, A eſté accordé par leſdits Eſtats, pour avoir lieu pour l'advenir ſeulement.

Art. 109.

A l'Article 109 commençant par ces mots, *Femme mariée*, Ont eſté par l'advis deſdits Eſtats adjouſtez ces mots, *Soit au préjudice d'elle ou de ſondit Mary*.

TITRE SIXIE'ME.

DE DOUAIRE.

Art. 111.

L'Article 111. commençant auſſi par ces mots, *Femme mariée*, Ont eſté de l'advis deſdits Eſtats adjouſtez ces mots, *Et de la Tierce Partie des heritages qui depuis leſdites Eſpouſailles ſeroient advenut à ſondit Mary en ligne directe*. Pour avoir lieu à l'advenir.

Art. 112.
113. 114.
115. 117.
118.

Les Articles 112. commençant par ces mots, *Et ſi Douaire eſtoit*, 113. commençant par ces mots, *Femme qui aa cas*, 114. commençant par ces mots, *Douaire ſaiſit*. 115. commençant par ces mots, *Femme veuve*, 117. commençant par ces mots, *Douaire eſt acquis*, & 118. commençant par ces mots, *Pour le Forfaiᢴ*, Ont eſté accordez par leſdits Eſtats pour avoir lieu à l'advenir.

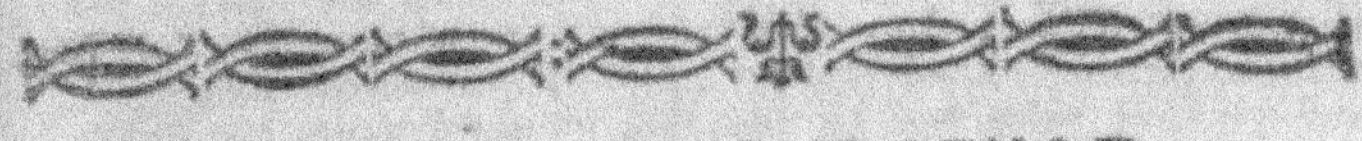

TITRE SEPTIE'ME.

DE TESTAMENTS.

LEs Articles 121. commençant par ces mots, *Institution d'Heritier*, Art. 121 & 122. commençant par ces mots, *Le Testament*, Ont esté 122. adjoustez pour avoir lieu à l'advenir.

Sur les Articles 125. commençant par ces mots, *Pere & Mere*, Art. 125 & 126. commençant par ces mots, *Et si Pere & Mere*, Ledit 126. Maistre Jean Durant pour ledit Messire Guy de Monceaux, & Dame Françoise Auvé sa femme a remonstré que ledit article estoit contre la liberté des Pere & Mere qui ont accoustumé d'user de leurs biens envers leurs Enfans, comme il leur plaist, & que chacun desdits Enfans le merite, & specialement en faveur de Mariage, & s'est opposé audit nom que lesdits articles passent pour Coustume, Requerant qu'ils soient remis à la disposition du Droict commun. Et que où lesdits Estats les voudroient accorder & passer pour Coustume, qu'il soit dit que telle Coustume aura lieu pour l'advenir seulement, & sans préjudice du passé, & mesmement du Procez meu, & pendant entre lesdits de Monceaux & sadite femme d'une part, & les Seigneur & Dame de la Frette & autres pretendans droict en la terre & Seigneurie de Fueiller, d'autre. Surquoy la matiere mise en deliberation, avons suivant l'advis desdits Estats ordonné que lesdits articles passeront pour Coustume, sans préjudice des Procez pendans & intentez entre lesdites Parties.

Les Articles 130. commençant par ces mots, *Toutes Donations*, Art. 130 & 131 commençant par ce mot, *L'aage*, Ont esté par l'advis des- 131. dits Estats de nouvel introduicts.

TITRE HUITIE'ME.

DE SUCCESSIONS.

SUr l'Article cent trente huictiesme commençant par ces mots, Art. 138 *Appartient aussi*, Ledit Maistre Fiacre le Fevre pour ledit Comte de Seninghan, a dit & remonstré que pour raison de ladite pretenduë Coustume y avoit Procez pendant & indeciz en ladite Cour de Parlement, entre ledit Comte de Seninghan d'une part, & Dame Jacqueline de Rohan Marquise de Rothelin, ayant le Bail & Garde Noble du Duc de Longueville son fils, ayant reprins le Procez au lieu du Duc d'Ascot, d'autre. Et empeschoit qu'il fust arresté pour Coustume que le Bois de Haute Fustaye fust baillé à l'aisné par Preciput, sinon celuy qui estoit prés & la veuë de la maison Seigneurialle, & qu'icelle veuë fust limitée par chemins, & qu'il ne fust baillé audit aisné plus grande quantité que de dix Arpens de bois, suivant l'ancien usage qu'il disoit estre au pays. Au contraire

par ledit Brulart pour ladite Marquise de Rothelin audit nom a esté
soutenu que de tout temps par ladite Coustume appartient à l'aisné tout le bois de Haute Fustaye, sans aucune limitation de veuë, quoy que soit ladite veuë ne doit estre limitée à moins que de demie lieuë, & que ainsi a esté jugé par Arrest pour ledit Duc de Longueville contre ledit Comte de Seninghan & ledit Arrest executé. Surquoy la matiere mise en deliberation, & aprés que lesdits Estats nous ont rapporté qu'il y a eu plusieurs differents pour la limitation de la veuë du Bois de Haute Fustaye, & qu'il estoit expedient d'y pourvoir, & la limiter à quantité certaine pour l'advenir: Nous par l'advis desdits Estats avons redigé ledit article ainsi qu'il est pour avoir lieu par cy aprés, sans préjudice du passé Droicts acquis, & Procez intentez.

Art. 143.　　L'article cxliij commençant par ces mots, *Peut ledit aisné*, pour le regard du choix que ledit aisné a par iceluy de prendre son Préciput en terres roturieres estans aux champs, aura lieu par provision seulement. Et au principal pour l'importance de la matiere, l'avons renvoyé à ladite Cour de Parlement.

Art. 145.　　L'article cxlv, commençant par ces mots, *Et où il n'y aura*, a esté de l'advis desdits Estats arresté, sans préjudice des Procez qu'aucuns ont dit estre pendans pour raison du contenu en iceluy.

Art. 147.　　L'article cxlvij, commençant par ces mots, *Au fils aisné*, a esté par l'advis desdits Estats de nouvel introduit pour le regard du rapport fait par les puisnez qui se divise entre l'aisné & les puisnez, & l'ancienne Coustume abrogée, par laquelle le rapport de l'advantage fait en meubles ausdits puisnez, appartenoit audit fils aisné seul.

Art. 148.　　L'article cxlviij, commençant par ces mots, *Ledit aisné a oprion*, A esté accordé pour l'advenir, sans préjudice du passé.

Art. 156.　　L'Article clvj commençant par ce mot, *Toutesfois*, A esté par l'advis desdits Estats de nouvel introduit.

Art. 158.　　Sur l'Article clviij, commençant par ces mots, *Entre roturiers*, Ledit Maistre Mathurin Flamant a remonstré que par cy devant n'appartenoit audit aisné par la Coustume pour son droict d'aisnesse autre chose qu'une ferme de maison valant vingt livres, avec demy arpent de terre au descouvert, n'estant de la pire ne de la meilleure hors l'Estrage. Et que si ladite ferme estoit de plus grand valeur que ladite somme de vingt livres, il estoit tenu recompenser ses coheritiers de l'outreplus, fors que s'il y avoit aisnesse ancienne qui eust esté baillée audit aisné, soit en maison, de quelque quantité ou qualité qu'elle fust, elle appartenoit audit aisné pour son droict d'aisnesse. Protestant que ce que voudrions arrester pour Coustume au contraire, ne puisse préjudicier pour le passé. Sur quoy avons ordonné que ledit Flamant aura acte de ses remonstrances & protestation: & que neantmoins suivant l'advis desdits Estats, l'article demeurera ainsi qu'il est couché.

Art. 164.　　Sur l'Article clxiij commençant par ces mots, *Si l'aisné*. Ledit Fiacre de Saint Berthevin Escuyer s'est opposé à ce que ledit article passe pour Coustume, pour le different & interest qu'il dit avoir au partage qu'il a à faire avec ses puisnez: surquoy avons par l'advis desdits Estats ordonné que ledit article passera pour Coustume, sans préjudice des Procez pendans, s'aucuns en y a.

TITRE

TITRE NEUVIE'ME.

DES GARDIENS ET TUTEURS.

L Es Articles clxvij. commençant par ces mots, *Et ne sont tenus,* clxviij. commençant par ces mots, *Si la Mere,* &c. clxxij. commençant par ces mots, *La garde,* ont esté par l'advis desdits Estats accordez pour l'advenir, sans préjudice du passé.

*Art. 167.
168. 172.*

TITRE DIXIE'ME.

DE RETRAICTS LIGNAGIERS ET FEODAULX.

A L'Article clxxix. commençant par ces mots, *Aprés l'Adjudication,* Ont esté de l'advis desdits Estats adjoustez & interposez ces mots, *Scis au Greffe,* pour avoir lieu à l'advenir. *Art. 179.*

Les Articles clxxxj. commençant par ces mots, *En concurrence,* cxc. commençant par ces mots, *Quand en eschange,* & cxcvij. commençant par ces mots, *Quand aucun,* Ont esté accordez par lesdits Estats, pour avoir lieu à l'advenir, sans préjudice du passé, & des Procez pendans s'aucuns en y a. *Art. 181. 190. 197.*

A l'Article cc. commençant par ces mots, *Quand deux conjoinctz,* Ont esté de l'advis desdits Estats de nouvel adjoustez ces mots, *Pourveu qu'il n'y ait Enfans dudit mariage, auquel ladite moitié, subjecte à retraict puisse tomber. Art. 200.*

L'Article ccj. commençant par ces mots, *L'heritage retiré,* A esté accordé par lesdits Estats, pour avoir lieu à l'advenir. *Art. 201.*

Sur l'Article cciij. commençant par ces mots, *Le Cens vendu,* ledit Goullet pour lesdits Seigneurs de Nogent, a remonstré que audit Seigneur Baron & Chastellain appartient Droict de Retraict par puissance de Fief pour heritages tenus d'eux à debvoir de Cens quand ils sont vendus & alienez, & que ainsi en ont jouy lesdits Seigneurs de Nogent & de Regmaliard. Et s'est opposé que l'article passé pour Coustume. Pareillement se sont opposez ledit Seigneur de Preaulx & du Teil, ledit Fevrier pour le Seigneur de Vaujours, ledit Brulart pour le Seigneur de Longny, & ledit Ribot pour le Seigneur de la Mothe Diversay, tous pretendans, que au Seigneur Feodal appartient Droict de Retraict, aussi bien pour les terres censuelles tenuës de luy, que pour les hommages. La matiere mise en deliberation : avons de l'advis desdits Estats ordonné, que nonobstant lesdites oppositions dessusdites (dont les avons deboutez) l'article demeurera pour Coustume. *Art. 204.*

TITRE ONZIE'ME.

DE PRESCRIPTIONS.

Art. 209. L'Article ccix. commençant par ce mot, *Prescription*, A esté de l'advis desdits Estats de nouvel introduit, & l'ancienne Coustume (par laquelle prescription de dix & vingt ans n'avoit lieu) abrogée.

Art. 210. L'Article ccx. commençant par ces mots, *Quand aucun a esté payé*, par l'advis desdits Estats, a esté de nouvel introduict pour & au lieu d'un ancien article, estant audit cahier, lequel a esté abrogé, & dont l. teneur ensuit.

Quand aucun a esté saisi par quelque autre de quelque rente ou prestation annuelle, à cause de certain heritage pour quelque terme, & en l'année prochaine ensuivant, celuy qui l'a saisi defaut de payer ladite rente ou prestation annuelle, il peut estre convenu & adjourné sur dessaisine : & en prouvant la saisine & payement precedens, il doit estre contrainct ressaisir ce qu'il auroit dessaisi, & luy faire payement de ladite rente ou prestation.

Art. 212. 213. Les Articles ccxij. commençant par ces mots, *Rente fonciere feodale*, & ccxiij. commençant par ces mots, *Mais Rente fonciere non Seigneuriale*, Ont esté par l'advis desdits Estats accordez & redigez en la maniere qu'ils sont, pour & au lieu d'un ancien article, estant audit cahier, dont la teneur ensuit, *Rente fonciere creée à titre de bail d'heritage ne se prescript par quelques laps de temps que ce soit, par le prenneur, ses hoirs & ayant cause. En faisant apparoir par le Seigneur de la rente des lettres dudit bail, & que l'heritage sur lequel il prend sa rente, soit celuy baillé à rente.* Lequel article a esté rapporté avoir esté de tout temps usité, practiqué & tenu pour Coustume audit pays & Comté du Perche. Toutesfois a semblé due & desraisonnable pour le regard de rente fonciere non Seigneuriale. A ceste cause a esté ledit article reformé pour ladite rente non Seigneuriale, ainsi qu'est contenu audit article ccxiij. lequel aura lieu pour l'advenir seulement.

Art. 214. A l'Article ccxiiij. commençant par ces mots, *Entre coheritiers*, Ont esté de l'advis desdits Estats adjousté ces mots, *Mais si lesdits Coheritiers & Frarachaux avoient jouy à part & à diviz. de leurs part & portions par l'espace de dix ans, sont reputez avoir faict partages, encores qu'il n'y en ait rien par escript. Et ne pourront inquieter l'un l'autre esdites parts & portions, ainsi par eux possedées. Pour avoir lieu à l'advenir.*

TITRE DOUZIE'ME.

DE SERVITUDES.

LEs Articles ccxix. commençant par ces mots, *de toutes prinses, Art. 219.* & ccxx. commençant par ces mots, *Le voisin ne peut,* Ont 220. esté par l'advis desdits Estats accordez, pour avoir lieu à l'advenir.

Ce faict, led. 30. & penultiesme jour de Juillet led. Brulart pour lad. Dame Marquise de Rothelin, comme ayant le Bail & Garde Noble dudit Duc de Longueville son fils, Seigneur & Baron de Longny, persistant aux remonstrances par lui faites, & cy dessus contenuës aux debats des comparutions, A dict qu'il y a article de Coustumes locales & particulieres en ladite Baronnie de Longny, qu'il a fait rediger par escript en un cahier, pour estre receuës, publiées & omologuées par mesme moyen, avec les Coustumes generales dudit Comté du Perche, dont il disoit avoir communiqué avec les autres Officiers de Longny & gens des trois Estats : Leur faisant à sçavoir qu'il eussent à comparoir par devant nous, pour estre procedé à la redaction desdites Coustumes locales. Lequel cahier signé Brulart, il nous a presenté, iceluy contenant dix-sept articles dont la teneur ensuit.

Premierement, que ledit Seigneur Baron & Chastellain dudit Longny est Seigneur Voyer, & luy appartiennent les grands chemins de toute sa Baronnie & Chastellenie de Longny & la cognoissance des crimes & delicts commis en iceux, & toute chose appartenant au droit de Voyerie, dont il est en possession immemoriale, & on a accoustumé d'en user de tout temps d'ancienneté, sans contredict.

Ledit Seigneur Baron & Chastellain de Longny peut contraindre ses subjects à reparer le chemin chacun à l'endroict de son heritage, & à faute de ce, à faire ouverture sur son heritage, à ce qu'on y puisse passer, jusques à ce qu'il ait reparé le chemin. Et davantage, à couper les branches des arbres, espines & autres bois qui pendent & nuisent sur le chemin.

ITEM, le Vassal qui exploicte son fief saisi par dessus le brandon du Seigneur souverain, doit estre condamné en l'amende, qui est de quinze sols tournois.

ITEM, la femme doibt rachapt de son propre heritage aprés la mort de son mary.

ITEM, le Seigneur de fief peut lever sur ses vassaulx tenans en fief de luy tailles en trois cas. Le premier, quand il est prisonnier des ennemis de la foy, & du Royaume, pour ayder à payer sa rançon. Le second, quand il marie sa fille aisnée. Et le tiers, quand il faict son fils Chevalier : laquelle taille est seulement la douziesme partie de la valeur du rachapt.

ITEM, le cheval de service est deu & doit estre payé quant & le rachapt. Parce que si le Vassal estoit receu en la foy de son Seigneur de fief, tous les profits qui luy seront deubs seront couverts, & ne seroit plus recevable ledit Seigneur de fief les demander, & tout ainsi que de toutes morts & mutation est deu rachapt, aussi est-il du cheval de service.

ITEM, quand aucuns heritages tenus à cens d'un Seigneur ayant justice sont eschangez à autre heritage d'aliene jurisdiction, combien qu'il n'y eust deniers déboursez, ventes sont deuës au seigneur censier, à la raison de vingt deniers pour livre, de la valeur & estimation dudit heritage tenu à cens.

ITEM, au fils aisné noble & à ses representans ausquels appartient la Justice dependant du preciput, appartient aussi le droict de recevoir en foy & hommage les vassaux tenans en fief de luy & de ses coheritiers, sans que ausdits coheritiers puisnez soit loisible recevoir lesdits vassaux de leur aisné & d'eux à ladite foy & hommage, dont ledit droict est individu, sauf qu'apres lesdits partages faicts entre lesdits aisné & puisnez de leurs hommages & vassaux, lors chacun reçoit son vassal à ladite foy & hommage, & en faict & dispose à son plaisir.

ITEM, renvoy ne doit estre faict par ledit Seigneur Baron de Longny à ses vassaux és cas qui ensuivent : c'est à sçavoir en empéchement de grand chemin, en braicts & excez faicts à jour de foire ou de marché,

Et en cas d'avoir mesuré à faulse mesure, & tous autres crimes & delicts, en actions universelles, en treves enfraintes, en executions de lettres obligatoires passées soubs les sceaux de ladite Baronnie, & en cas de saisine & de nouvelleté, ains la cognoissance des cas susdits appartient audit seigneur Baron de Longny, ou à ses Bailly & Vicomte dudit Longny par prevention.

Item, le Seigneur ayant droict de Champart, peut contraindre son subject tenant de luy audit devoir, mettre ses terres tenuës audit devoir en labeur, pour en avoir son droict de Champart. Et de celles qui sont en pasture, ledit seigneur a droict d'en avoir & prendre par chacun an delivrance, à la raison de chacun arpent de terre à froment cinq sols tournois, de terre à mestail trois sols quatre deniers tournois : & de terre à seigle deux sols six deniers tournois. Et qui enleve les grains de ladite terre tenüe en champart, sans preallablement le faire sçavoir à son Seigneur ou ses officiers ou commis, ou l'un deux, il chet en l'amende de quinze sols tournois.

Ietm, quand aucun heritage tenu au debvoir de cens est rendu ou remis par retraict volontairement, le contract ou aéte est reputé vendition pure & simple, & en sont deuës les ventes au Seigneur : si tel retrait est hors le temps de la coustume ou de la paétion faite deuement & sans fraude.

Item, quand il y a condition & faculté donnée par l'acquereur au vendeur, de retirer dans certain temps l'heritage tenu à cens (Laquelle condition soit aprés prorogée) les ventes sont deües au Seigneur par ladite prorogation.

Item, ledit Seigneur Baron de Longny a accoustumé & luy est loisible de faire venir ses subjets à mouldre leurs grains à ses moulins baniers : combien que ce fust hors la banlieuë du domicile de sesdits subjects des grains ayant esté receuillis en sadite Baronnie, & au-

eres grains qui auroient reposé par vingt quatre heures
audit domicile du subject.

ITEM , si ceux qui ont droict de peage & travers
n'entretiennent les ponts, planches & grands chemins
en bonnes & suffisantes reparations ou destroict de leur
dit peage, ne leur doibt estre payé ledit droict de travers & peage.

ITEM , quand il se trouve que les parties ont traicté
& convenu de prix pour l'heritage, & neanmoins après
ont fait escrire & passer leur contract par eschange,
bail à rente , ou autrement, cuidans desguiser la vendition ; tel heritage est subjet non seulement au retraict lignagier , mais aussi au retrait feodal envers
le Seigneur, si mieux ne veut prendre son droit de
ventes , ou profit de fief. Et si doivent estre privez
du prix & de la chose venduë , ceux qui sont trouvez avoir commis telle fraude.

ITEM , en la bourgeoisie dudit Longny , qui s'estend
dès & depuis la grand ruë tendant de l'Eglise parochiale
S. Martin, jusques à la ruë des prez, & en ladite
ruë des prez jusques au droit de la ruë Cordier, en
la ruë du Bourg Chevreul , jusques au pont de pierre:
Et en la ruë de la chaussée jusques à la Valée de
misere, & aux biches exclusivement : les ventes ne
sont deuës que demies seulement, qui est à la raison de dix deniers pour livre du prix des maisons
& heritages de ladite bourgeoisie. Et outre sont deus
les cens doubles comme au reste de ladite Baronnie ,
auquel sont deuës les Ventes entieres de vingt deniers
pour livres , & lesdits Cens doubles.

ITEM, à faute de payer à son Seigneur le Cent au
terme , le subject doit l'amende de sept sols six deniers
tournois.

Et par ledit Gravelle Procureur des Bourgeois, Manans & habitans dudit Longny, a esté dit , combien que ladite Baronnie de
Longny ne soit dudit Comté du grand Perche , ains du Baillage
de Chartres : Neanmoins en ladite Baronnie de Longny l'on a
tousjours usé de Coustumes pareilles qu'audit Comté du Perche. A

cette cause empeschoit que lesdits articles presentez par ledit Bru ça
pour Coustumes locales soient receuz, disant iceux n'avoir esté usi-
tez, & n'avoir eu lieu en ladite Baronnie de Longny, consentant
à ladite redaction des Coustumes generales dudit Comté du Perche,
pour avoir lieu en tout & partout en ladite Baronnie de Longny.

Pareillement par ledit Ribot Procureur dudit de Harville Seigneur
de la Mothe Diversay, persistant aux remonstrances par luy faictes
& cy-dessus contenuës aux debats desdites comparutions, a esté dit
qu'en ladite Chastellenie de la Mothe Diversay y a Coustumes
locales & particulieres : Lesquelles aprés en avoir communiqué &
deliberé avec les gens des trois Estats de ladite Chastellenie, il a
fait rediger par escript en un cahier, lequel il nous a presenté,
signé Ribot, contenant ledit cahier huict articles, desquels la teneur ensuit.

*Premierement, que le Vassal qui exploicte son fief
faist par dessus le Brandon de son Seigneur, doit estre
condamné en l'amende de quinze sols tournois.*

*Item, que la femme doit rachapt de son propre he-
ritage par le trespas de son mary.*

*Item, quand il se trouve que les Parties ont traicté
& convenu de prix pour l'heritage, & neantmoins
aprés ont fait escrire & passer leur contract par eschange ou Bail à rente ou autrement, cuydans desguiser à la vendition : Tel heritage est subject non
seulement au retraict lignagier, mais aussi au retrait
feodal envers le Seigneur si mieux ne veut prendre son
droit de ventes ou profit de fief. Et si doivent estre
privez du prix de la chose venduë, ceux qui sont trouvez
avoir commis telle fraude.*

*Item, que le Seigneur Chastellain de la Mothe Di-
versay est le Seigneur Voyer, & luy appartiennent les
grands chemins de sadite Chastellenie, & la cognoissance
des crimes & delits commis en iceux, & toute chose
appartenante au Droict de Voyrie.*

*Item, à faute de payer à son Seigneur les Cens au
terme deub, le subjet doit amende de sept sols six deniers tournois*

*Item, le Seigneur de fief peut lever sur ses hom-
mes tenans en fief de luy tailles en trois cas. Le
premier, quand il est prisonnier des ennemis de la foy,
ou du Royaume, pour ayder à payer sa rançon. Le*

second, quand il marie sa fille aisnée. Et le tiers quand il fait son fils Chevalier : Laquelle est seulement la douziesme partie de la valeur du rachapt.

Item, le Cheval de service est deub, & se doit payer deslors que le rachapt est deub, & se paye par ce mesmement que si le Vassal estoit receu en la foy, tous profits de fiefs seroient couverts.

Item, Qui confisque le corps, confisque les biens.

Nous requerant ledit Ribot audit nom, vouloit proceder à la lecture & redaction desdites Coustumes locales & particulieres. Et par lesdits Seigneurs de la Frette & Damilly a esté dit qu'ils n'empeschoient qu'il ne fust procedé à la lecture & redaction desdites Coustumes de Longny & de la Mothe Diverfay. Et par ledit Substitut du Procureur General du Roy, a esté dit qu'il n'empeschoit que lesdits Brulart & Ribot eussent acte de leurs remonstrances. Mais quant aux articles par eux presentez, empeschoit que lecture en fust faite, attendu que lesdits articles n'estoient signez des Gens des trois Estats desdites Seigneuries de Longny & de la Mothe Diverfay, ne par eux par devant nous rapportez, ainsi qu'il appartenoit, mesmes qu'aux pretenduës Coustumes locales de Longny y avoir opposition formée pour le troisiesme Estat, & qu'ils eussent à eux pourvoir par devers ladite Cour de Parlement ou ailleurs, ainsi qu'ils verroient estre à faire par raison. Et que cependant ils fussent reglez & gouvernez selon lesd. coustumes generales dud. païs & Comté du Perche. Surquoy avons ordonné que lesd. Brulart & Ribot auront acte de leurs remonstrances, pour eux pourveoir ainsi que de raison. Et quant à present ne sera procedé à la lecture desdits articles & redaction desdites pretenduës Coustumes locales : Ains lesdits Seigneurs, Manans & Habitans de Longny & de la Mothe Diverfay par provision se regleront & gouverneront en tout & par tout selon la Coustume generale audit Comté du Perche.

Ce faict, en procedant à la lecture, arrest & publication desdites Coustumes (qui a esté faicte par l'ordonnance de nous Commissaires susdits, & en la presence des Officiers du Roy audit Comté & Baillage du Grand Perche, & de plusieurs autres des trois Estats convoquez & assemblez audit Chapitre dudit Prieuré & Doyenné de saint Denys de Nogent, lieu destiné pour ce faire) Avons (ledit Substitut du Procureur general du Roy ce requerant) dict & ordonné, disons & ordonnons que les susdits adjournez qui ne sont comparus durant nostre seance à la redaction desdites Coustumes, soient gens d'Eglise, de Noblesse, ou du tiers Estat, seront pour le profit dudit default par nous contr'eux donné, censez & reputez estre subjects aux Coustumes dudit Comté & Baillage du Grand Perche, ainsi arrestées par lesdits trois Estats. Et au surplus avons dit & ordonné que lesdites Coustumes seront tant par lesdits defaillans, que comparans entretenuës, gardées & observées pour loy. Et à ce faire les avons condamnez, leur faisant inhibitions & defenses de poser & articuler doresenavant autres Coustumes. Et audit Bailly, Vicomte du Perche, leurs Lieutenans & autres Officiers, tant dudit Comté & Baillage

COUSTUMES

DES PAYS, COMTE' ET BAILLIAGE
DU GRAND PERCHE , & des autres
Terres & Seigneuries regies & gouver-
nées selon iceux ,

Mises & redigées par écrit en presence des Gens des trois
Estats dudit Comté & Bailliage , par Nous Christofle de
Thou, President, Barthelemy Faye & Jacques Viole , Conseil-
lers du Roy en sa Cour de Parlement , & Commissaires
par lui ordonnez.

DES DROICTS DE BARONNIE, CHASTELLENIE, haute, moyenne & basse Justice.

ARTICLE PREMIER.

U Seigneur Baron appartient toute Justice
haute , moyenne & basse. Pour l'exercice de
laquelle peut avoir Prevost jugeant en premiere instance , & Bailly ou Senechal jugeant
par appel & ressort.

(ressort) Cet ancien Ressort de la Noblesse de France nouvellement corrigé
& reduit, a une instance par un nouvel Edict de Charles IX. C. M.

A

I I.

Aussi lui appartient avoir fourches patibulaires à quatre pilliers.

I I I.

Outre lui appartiennent tous droicts qu'ont Seigneurs Chastellains, hauts, moyens & bas Justiciers.

I V.

Aux Seigneurs Chastellains appartient tout droict de haute Justice, moyenne & basse, & avoir fourches patibulaires à trois pilliers.

V.

Ont lesdits Seigneurs Chastellains droict de merques & mesures, scel à contracts.

(*contracts.*) Aux premieres impressions il y a: Ont lesdits Seigneurs Chastellains droict de merque & mesures, scel & contracts. Mais ceci est prins sur le vrai original. Voyez le Procès verbal sur les articles 1. 2. 5.

V I.

Ont pareillement droit de foires & marchez, pourveu qu'ils l'ayent racheté, mis & employé dedans leur adveu, ou que de tout temps & ancienneté ils en ayent jouy.

V I I.

Ont aussi droit de peages, travers & forfaictures des denrées & marchandises passans par les destroits & passages de leurs Seigneuries, pourveu qu'ils l'ayent racheté & employé en leur adveu, ou qu'ils en ayent jouy de tout temps & ancienneté, en entretenant par eux en bon & convenable estat, les ponts, chaussées, passages & autres lieux, pour raison desquels ils perçoivent lesdits droicts.

V I I I.

Et outre lesdits Chastellains ont tous droicts appartenans aux hauts, moyens & bas Justiciers.

I X.

Au Seigneur haut Justicier appartient la connoissance de toutes actions civiles & criminelles & peut donner asseurance aux parties respectivement, ou avec

ſommaire cognoiſſance de cauſe à l'une d'icelles ſeulement.

X.

Peut bannir les delinquans hors ſon territoire. Tou-
tes-fois eſtans bannis, ne luy appartient de les rappeller.

X I.

Le haut Juſticier peut faire dreſſer en ſa Juſtice fourches patibulaires à deux pilliers, & les faire réedifier
quand elles ſont abbatuës, ſans cognoiſſance de cauſe
& miniſtere de Juſtice.

X I I.

Doit ledit haut Juſticier avoir priſons ſeures & raiſon-
nables à rez de terre, ſans uſer de ſepts.

X I I I.

Doit avoir lieu certain, convenable & honnête pour
exercer ſa Juſtice, ſans icelle faire exercer aux ta-
vernes.

X I V.

Doit pareillement avoir Juges & Greffiers exerçant la
Juſtice ſur le lieu à jours certains, & qu'ils ſoient ré-
ſidans au Comté & Bailliage du Perche.

X V.

Au haut Juſticier appartient droit d'eſpaves, lequel
il doit racheter & employer en ſon adveu, ſinon,
que fuſt Fief appartenant à l'Egliſe, & amorty : auquel cas ne laiſſe à avoir ledit droict, encores qu'il ne
ſoit comprins & employé en adveu.

(ſinon) De meſme aux moyens Juſticiers, quand ils ſont fonder en tiltres & en
poſſeſſion immemoriale. Voyez le Procès verbal, par lequel outre a été ſouſtenu
que le droit d'eſpaves appartient au Roy ſeul.

X V I.

Biens vaccans appartiennent au haut Juſticier.

X V I I.

La Succeſſion des baſtards decedez ſans hoirs de
leurs corps appartient aux hauts Juſticiers, pourveu que leſdits baſtards ſoient nez & decedez en leur
haute Juſtice, & que leurs biens y ſoient aſſis.

XVIII.

Droict d'aubaine appartient au Roy seul.

XIX.

Qui confisque le corps, confisque les biens meubles, conquests & acquests immeubles, & non les propres, & appartient la confiscation au haut Justicier, excepté en crime de Leze-Majesté humaine, où la confiscation appartient au Roy seul.

(*où la*) Et où les propres aussi se confisquent, Du Moulin en son Apostile sur l'article 23. de la Coustume de Lille, *seil.* au premier chef. & a esté jugé par un ancien Arrest en cette Coustume, au profit des heritiers d'Anne Beaju condamnée & executée à mort pour crime de faulse monnoye, que ce crime à l'effect de la confiscation, n'estoit crime de Leze-Majesté. *Quid* en crime de Leze Majesté divine. Voyez le Procès verbal.

XX.

Quiconque a droit de haute Justice, a droit de moyenne & basse Justice, & tous droits appartenans à icelle.

XXI.

Aux Seigneurs moyens Justiciers appartient la cognoissance de toutes actions personnelles, & non des actions réelles.

(*& non*) Ne cognoissent point néanmoins des crimes.

XXII.

Leur appartient aussi de pourvoir aux Mineurs de curateurs aux causes, mais autrement ne leur en appartient pourvoir ne bailler tuteurs ou curateurs à leurs personnes & biens.

XXIII.

Peuvent lesdits moyens Justiciers faire tenir & exercer leurs Jurisdictions de quinzaine en quinzaine, en lieux certains & honnêtes.

(*& honnêtes*) En la Chastellenie de Bellesme les hauts Justiciers mesmes ne font tenir leurs plaids ordinaires que de quinzaine en quinzaine, mais c'est par usage.

XXIV.

Aux Seigneurs bas Justiciers appartient la cognoissance des causes d'entre eux & leurs sujects, pour leurs devoirs feodaux & censuels & Seigneuriaux. Et peuvent faire exercer leur Justice de quinzaine en quinzaine en lieux certains & honnestes.

(feodaux) Il est ainsi en l'original.

X X V.

Il est loisible ausdits bas Justiciers avoir moulin en leur Justice & Seigneurie, en le rachetant du Seigneur Feodal, & l'employant en leurs adveus, & faisant entretenir ledit moulin en bonne & suffisante réparation. Peuvent contraindre leurs sujects estagers demeurans en la banlieuë, d'y aller faire moudre leur bled estant creu en leur Fief, ou s'il n'y estoit creu, y ayant reposé vingt-quatre heures. Et doit le Moulnier dudit moulin faire mouldre ledit bled dedans vingt-quatre heures. Autrement ledit temps passé (& dont ledit subject sera creu par serment) peut mener mouldre son bled autre part où bon lui semblera.

(Et doit) Les Habitans de Nogent ont protesté pour leur liberté au contraire. Voyez le Procès verbal, & sont demeurez en leur possession de liberté.

X X V I.

Et où le subject seroit defaillant de mener sondit bled au moulin dudit Seigneur, il est permis à iceluy Seigneur trouvant ledit Moulnier audedans de son Fief conduisant sa farine, la prendre, & icelle appliquer à luy, déclaration préalablement faite en Justice. Toutesfois audit cas, la poche, harnois & beste portant ladite farine ne tombent en commis.

X X V I I.

Et n'estant ladite farine trouvée au Fief dudit Seigneur, peut neantmoins ledit Seigneur, ou autre ayant droict de luy, faire convenir ledit subject, pour avoir l'amende de deux sols six deniers tournois, en laquelle il est encouru, outre & pardessus le droict de moulture, qui est aussi acquis audit Seigneur.

XXVIII.

Toutesfois où le subject seroit Boulenger , & le Moulin dudit Seigneur ne seroit propre à faire pain blanc , peut ledit Boulenger mener mouldre son bled à autre Moulin , pour faire farine à pain blanc.

XXIX.

Lesdits Seigneurs bas Justiciers ont droict de coustume , qui est de prendre un denier tournois pour chacune beste à quatre pieds nourrie en leur Fief , achetée & livrée en icelui , rachetant ledit droict de leur Seigneur superieur , & l'employant en leur adveu , & se doit payer ledit droict de coustume dedans la huictaine , après que ladite beste aura esté livrée. Et à faute de payer ledit droict dedans icelui temps , est deu l'amende de deux sols six deniers tournois pour coustume non payée , pourveu que ce ne soit beste de laict , volatille & menuës denrées , pour lesquelles n'est deu ledit droict de coustume.

XXX.

Et si l'acheteur de ladite beste subjecte audit droict de coustume n'est demeurant en la Seigneurie , le subject qui a icelle venduë doit recevoir la coustume de son marchand , & la payer à son Seigneur dedans le temps dessusdit , sur peine de ladite amende.

DE FIEFS.

XXXI.

FOy , hommage & rachapts de Fiefs sont deubs en toutes mutations de vassal proprietaire du Fief , par mort ou autrement , soit en ligne directe ou collaterale. Et ne sont deubs tels rachapts , que pour choses hommagées.

(par mort) *Quid de possessore ? Resp. Idem non apparente proprietario , & ita ut non in persona utriusque. Dixi in consuet. Parif. §. 22. ad finem. C. M.*

XXXII.

Le Seigneur de Fief par faute d'homme, droicts & devoirs non faits & non payez, & pour chacun d'iceux, peut proceder par saisie sur les heritages tenus de lui en Fief : & doit faire signifier sadite saisie, bailler assignation sur icelle aux détenteurs du Fief, aux plaids prochains ensuivans & autres jours competans de la Justice dont procede la saisie : laquelle saisie doit être rapportée en ladite Justice, en laquelle où y aura partie opposante, ledit Seigneur feodal auparavant que joüir par ses mains, doit avoir délivrance & permission de joüir. Et doit être la main par lui mise & assise levée à son profit, pour après par ses mains en joüir, & faire les fruicts siens, jusques à ce qu'il ait esté deservy & payé de sesdits droicts & devoirs, pour raison desquels ladite saisie a été faite.

XXXIII.

Et faut qu'il y ait dix jours francs entre la saisie & le rapport d'icelle en Justice.

XXXIV.

Et ne peut le Seigneur feodal proceder par saisie, sinon quarante jours après la mort de son Vassal. Pendant lequel temps, le nouvel détenteur du Fief servant doit faire foy & hommage & offres à son Seigneur, en la maniere qui s'ensuit.

(*de son Vassal.*) Jugé par les Arrests que ce délay devoit estre observé *etiam* és autres cas de mutation que par mort, notamment par un rendu en l'Audience le 23. Mars 1611. en la Coustume de Montfort l'Amaury, où il y a un pareil article, entre Messire Antoine de Lemoncourt, & Dame Marie d'Angennes sa femme appellants, & Monsieur le Marquis de Rambouillet Seigneur du Fief des Essarts intimé, lequel 26. jours après l'adjudication faite de la Terre du Perray ausdits Appellants, l'avoit fait saisir faute de foy & hommage, & devoirs deubs & non faits. Je plaidois en la cause pour les Appellants.

XXXV.

Ledit nouvel détenteur se doit dedans lesdits qua-

rante jours tranfporter au lieu du Fief dominant : &
illec eftant nuë tefte, ayant laiffé fes armes, appeller
fon Seigneur à haute voix par trois & diverfes fois, le
femondre & interpeller de le recevoir à foy & hommage, lui offrir payer le rachapt, felon la taxe qui
s'en fera, fur la déclaration qu'il eft tenu avoir en fa
main, contenant par le menu les heritages & chofes defquelles il entend faire foy & hommage, & payer
rachapt, & à cette fin offrir argent à découvert.

XXXVI.

Et où ledit Seigneur feodal ne feroit fur ledit lieu,
doit appeller & interpeller en la maniere que deffus le
Procureur, Receveur, Fermier, ou Commis dudit Seigneur, & faire les offres en la maniere devant
dite, leur en laiffant copie, enfemble de ladite déclaration, en prefence d'un Notaire & de deux tefmoins.
Et en l'abfence des deffufdits Procureur, Receveur,
Fermier ou Commis, doit faire lefdites offres devant
ledit lieu feigneurial, ou autre lieu certain & defigné
à faire & recevoir les hommages, en la prefence defdits Notaire & deux témoins, en la maniere fufdite.
Et où il n'y auroit aucun lieu certain, doit faire lefdites offres en la maniere que deffus, devant l'Eglife
Parrochiale, & prendre acte dudit Notaire, & icelui
acte avec ladite déclaration attacher à la principale porte d'icelle Eglife.

(*dudit Seigneur*) Plufieurs ont penfé qu'en l'abfence du Seigneur, le Vaffal devoit *gradatim* appeller le Procureur, Receveur, Fermier ou Commis, faifant mention de l'un aprés l'autre en cas d'abfence de tous, & tel a efté l'ufage du
Pays, jufques à ce que par Arreft donné en la Chambre de l'Edit, au rapport
de Monfieur Fouquet, le 16. Mars 1605. entre Jacques de Bellache, appellant
du Bailly du Perche à Bellefme, & Damoifelle Marie de Lefpine, en la qualité qu'elle procedoit Dame de Mongoubert intimée, les offres du Vaffal contenans l'interpellation au Seigneur & à fon Procureur, fans faire mention
des autres, furent déclarées bonnes & vallables, & la Sentence du Bailly
du Perche infirmée, qui avoit fuivi la rigueur des termes & ordonné que la
faifie tiendroit, faute d'avoir interpellé par le Vaffal, le Receveur, Fermier ou
Commis. J'avois efcrit au Procés pour la Dame de Fief : Les Sentences dont
eftoit appel eftoient des 17. & 19. Octobre 1600.

XXXVII.

Et où le rachapt auroit esté abourné , il n'est requis pour la validité desdites offres presenter aucune déclaration : mais suffit offrir le prix du rachapt selon l'abournement , faisant apparoir dudit abournement. Neantmoins aprés le rachapt payé, foy & hommages faits , le vassal abourné sera tenu bailler son denombrement dedans le tems de la Coustume.

XXXVIII.

Les offres ainsi faites equipollent à foy. Et où il y auroit plusieurs Seigneurs de fief dominant , suffit faire lesdites offres à l'un d'eux en la maniere cy-devant dite.

XXXIX.

La taxe & estimation des choses qui tombent eu rachapt, est par ladite Coûtume tel qui s'ensuit.

L'Arpent de Pré gaignable & à deux herbes en riviere est estimé & se rachete dix sols tournois. Et s'il n'est qu'à une herbe , cinq sols tournois. L'arpent de terre à froment , cinq sols tournois. L'arpent de terre métail, trois sols quatre deniers tournois. L'arpent de terre à seigle , deux sols six deniers tournois. L'arpent de terre en pastures & bruyeres, deux sols six deniers tournois. L'arpent de vigne , trois sols quatre deniers tournois. L'arpent de bois de haute fustaye, dix sols tournois. Et s'il est couppé par le vassal , pour la premiere fois se rachete pour bois de haute fustaye , & après pour bois taillis. L'arpent de bois taillis , cinq sols tournois. Le denier tournois de cens , un denier parisis. La rente se rachete pour semblable somme qu'elle se paye par chacun an. L'hebergement contenant un arpent ou moins, se rachete pour dix sols tournois. Et s'il contient plus d'un arpent, se rachete à ladite raison , eu égard à ce qu'il contient. Et si c'est chasteau ayant douves à l'entour, se rachete pour soixante sols tournois. Le patronage de l'Eglise parrochiale ou chappelle se rachete pour soixante sols tournois. La fuye ou colombier , soixante sols tournois. La garenne à eau & connils, chacune soixante sols tournois. L'estang à une ou plusieurs bondes, soixante sols tournois. L'estang qui n'a bonde, se rachete pour chacun arpent cinq sols tournois. La Justice, soixante sols tourn. Le moulin, soixante sols tourn. Chacun vassal, soixante sols tourn. Journée de corvée, deux sols six deniers tourn. Sceaux à contracts, soixante sols tournois. Marques & mesures, soixante sols tournois. Droiçt de corvage, soixante sols tournois. Le four-banier, soixante sols tournois. Droiçt de coustume, soixante sols tourn. Droiçt de peage & travers, soixante sols tournois. Droiçt d'espaves, soixante sols tourn. Le chappon, quinze deniers tourn. La poulle, dix deniers tournois. Le poullet, cinq deniers tourn. La livre de cire, trois sols quatre deniers tourn. La livre de beurre, cinq deniers tour. Le formage, cinq deniers tourn. Le boisseau de bled, cinq sols tourn. Le boisseau de metail, trois sols quatre deniers tourn. Le boisseau de seigle, trois sols tourn. Le boisseau de pois, cinq sols tourn. Le boisseau de febves, cinq sols tourn. Le boisseau d'avoine, vingt den. tourn. Et à la mesure de la Chastellenie de Mortagne, le boisseau de bled froment, metail, seigle, pois, febves, se rachete à la moitié des estimations dessusdites. Et le boisseau d'avoine au tiers de ladite estimation d'avoine seulement. En laquelle Chastellenie de Mortagne, le septier de bled froment, orge, seigle, poids & febves, revient & se paye à huiçt boisseaux chacun septier. Et vaut chacun septier mesure dudit Mortagne en terre, deux arpents. Et le septier d'avoine se paye à douze boisseaux. Et vaut ledit septier avoine en terre, trois arpents. Et à Bellesme, Nogent & autres lieux subjeçts ausdites Coustumes, le septier de tous lesdits grains vaut quatre boisseaux, & en terre un arpent. Lequel arpent en tout ledit pays du Perche doit contenir cent perches, chacune perche vingt-quatres pieds, & chacun pieq treize poulces.

(*est estimé*) Aux premieres impressions ces mots sont adjoustez, & hors riviere, mais ils ne sont en l'original.

(*Droict d'espaves*) Droict d'un Seigneur haut justicier par lequel les choses égarées & qui ne sont reclamées de personne, qui se trouvent dans la Seigneurie, lui appartiennent.

(*chacune perche*) Nota, contre ceste regle, qu'en quelque partie du pays, l'arpent de prés n'est composé que de quatre-vingt perches suivant l'ancien usage.

XL.

LE vassal est tenu faire la foy & hommage en personne à son Seigneur, s'il n'a empeschement par maladie, ou pour le service du Roy en ses guerres, pour la chose publique, ou autrement legitimement. Et ledit empeschement cessant, doit quarante jours après porter la foy & hommage en la maniere devant dite.

XLI.

L'AAGE pour porter la foy & hommage est aux masles de vingt ans, & aux femelles de seize ans. Auparavant lequel aage, le Seigneur feodal est tenu bailler au tuteur & curateur desdits mineurs, ou aux curateurs de personnes furieuses souffrance : en payant toutesfois par lesdits tuteurs & curateurs le rachapt & profit de fief qui seroit deu au Seigneur feodal. Et en ce faisant, icelle souffrance equipolle à foy.

(*bailler au tuteur*) *Vide* Mœlin sur la Coustume de Paris. §. 41. gl. i. num. 5. pour sçavoir si la saisie feodale faite sur un mineur, dont le tuteur ne demande souffrance, acquiert les fruicts au Seigneur, & resoult que non.

XLII.

Le vassal dedans quarante jours après l'hommage par lui fait, doit bailler à son seigneur feodal son adveu & denombrement.

XLIII.

Si lesdits quarante jours passez, ledit vassal ne baille son adveu & denombrement, le Seigneur de fief peut en default de ce, faire saisir le fief de sondit vassal, & tiendra la main dudit seigneur, jusques à ce que ledit vassal y ait fourni. Et si par quatre quinzaines successivement après icelle saisie, ledit vassal est defail-

lant de bailler fondit adveu & denombrement, eft pour
chacune des trois dernieres quinzaines amendable en
fept fols fix deniers tournois. Et lefdites quatre quinzaines paffées, fera ledit feigneur les fruicts fiens, au
moyen de ladite faifie, jufques à ce que ledit vaffal
ait obey.

XLIV.

LEDIT adveu & denombrement baillé par le vaffal,
ledit feigneur feodal a quarante jours pour le voir &
blafmer. Aprés lefquels quarante jours, ledit vaffal
doit retourner par devers fon feigneur, s'il eft au lieu
du fief dominant, finon pardevers fon Procureur,
Receveur, ou Fermier, ou autre fon Commis eftant
audit lieu, pour fçavoit fi icelui feigneur entend blafmer icelui denombrement. Et où dedans ledit tems
ledit feigneur ne l'auroit blafmé, paffera fimplement
icelui denombrement. Et où en partie l'auroit blafmé
& debatu, demourera la faifie pour ce qui eft en debat, à la charge des dommages & interefts, enfin de
caufe. Et pour le furplus non debatu paffera ledit denombrement, & fera main levée baillée pour ce regard.

XLV.

SI pendant la faifie du feigneur feodal, l'arriere-
vaffal decede, & efchet aucun profit d'arriere-fief,
tout le profit dudit arriere-fief appartient audit feigneur feodal, fans qu'il foit tenu faire autre faifie,
que celle qui aura efté faite par le vaffal fur ledit arriere-fief. Et n'ayant ledit vaffal fait faifir, peut ledit
feigneur, fi bon lui femble, le faire faifir pour en
avoir le profit. Et font acquis audit feigneur feodal les
fruicts de l'arriere fief, efcheuz depuis la faifie par luy
faite fur fon vaffal, & non ceux qui font efcheuz au
precedent.

XLVI.

QUAND mutation advient de cofté du Seigneur,
du fief dominant, le nouvel Seigneur peut faire en
general proclamer fes hommages à certain jour, pour-

veu que l'aſſignation d'iceluy ſoit de quarante jours :
& s'il eſt Baron ou Chaſtellain , doit eſtre faite ladite
proclamation , en plain marché , par trois jours de
marché continuels , & affiche , faiſant mention de la
dite proclamation , miſe au poſteau de la halle , &
autres lieux publics. Et s'il n'eſt Baron ou Chaſtellain , doit eſtre faite icelle proclamation à iſſuë de
Meſſe parrochiale , des lieux où ſont ſituez les fiefs ,
tenus dudit Seigneur. Laquelle doit eſtre faite par trois
Dimanches continuels. Et au jour aſſigné ſe doivent
trouver les vaſſaux , faire la foy & hommage , payer
les rachats & devoirs , ſi aucuns ſont deubs. Et où
ils ſeroient defaillans de comparoir audit jour , ou
comparans ne feroient la foy & hommage , ou offres
valables , peut ledit Seigneur faire ſaiſir leſdits fiefs
mouvans de luy , & faire les fruicts ſiens , juſques à
ce qu'il ſoit deſervy & ſatisfait de ce qu'il luy peut
eſtre deu.

XLVII.

Et où ledit Vaſſal n'auroit comparu au jour & lieu
aſſigné , peut ſe tranſporter au manoir dudit Fief dominant , ou autre lieu certain & deſigné à faire la foy &
hommage , & illec faire ladite foy & hommage audit Seigneur , s'il y eſt preſent , ſinon à ſon Procureur ,
Receveur , ou Fermier , ou autre commis par ledit Seigneur. Et où il n'y auroit manoir ou autre lieu certain pour faire ladite foy & hommage , Procureur ,
Receveur , Fermier , ou autre commis , peut faire ladite foy & hommage devant l'Egliſe , à iſſuë de Meſſe
parrochiale du lieu du fief , en prendre acte , & icelui
attacher à la principale porte d'icelle Egliſe.

(*peut ſe tranſporter*) Scil. A cauſe de legitime empéchement : autrement ce ſeroit mépris & coutumace.

XLVIII.

Et quant aux Chapitres , Colleges , Communautés ,
eſquels n'y a mutation de fief dominant , peuvent faire

proclamer leurs hommages de quarante en quarante
ans. Et y doivent comparoir les vaſſeaux , & renou-
veller leurs fois & hommages en la maniere que dit eſt,
en l'article precedent.

XLIX.

Quand ladite mutation eſchet de la part du Seigneur
dominant , eſt deu par le vaſſal la foy & hommage ſeulement , ſans aucun profit , ſinon qu'il ſuſt deu pour
autre cauſe precedente.

L.

Le vaſſal confiſque ſon fief , és cas qui s'enſuivent :
A ſçavoir quand il met violentement les mains ſur ſon
Seigneur ou ſa femme, quand il cognoiſt charnellement
la femme ou fille de ſondit Seigneur , quand il com-
met felonnie contre ſondit Seigneur , & quand il le
deſadvouë à Seigneur.

(*contre ſondit Seigneur*) *Quid* felonnie, & quelles en ſont les eſpeces. *Vide
Sujac, lib. 1. feudor. cap. 2.*

LI.

Pour pareille cauſe , que le vaſſal confiſque envers
ſon Seigneur feodal , ledit Seigneur perd la teneure
feodale ſur ſon vaſſal.

LII.

Le vaſſal eſt tenu d'advouer ou deſadvouer formel-
lement celuy qui ſe pretend ſon Seigueur de fief , ſinon au cas que deux ſe pretendiſſent eſtre ſes Seigneurs
de fief. Auquel cas pendant le debat d'entr'eux , n'eſt
tenu d'advouer ou deſadvouer l'un ne l'autre. Ains
ſuffit qu'il offre à faire la foy & hommage à celuy qui
obtiendra enfin de cauſe. Et ſe doit en ce cas faire
recevoir par main ſouveraine , en conſignant en juſtice les profits Seigneuriaux qu'il peut devoir.

LIII.

Et n'eſt tenu ledit Seigneur feodal inſtruire ſon
vaſſal aux fins d'eſtre par luy advoué ou deſadvoué.
Mais ſi ledit vaſſal ayant advoué ledit Seigneur aſſer-

me par ferment n'avoir pardevers luy aucuns tiltres &
enseignemens de ce qu'il tient & doit racheter dudit Seigneur, & que par dol & fraude n'a delaissé à les avoir, en
declarant qu'il est prest de prendre droict par les tiltres
& enseignemens de sondit Seigneur, en ce cas sera
iceluy Seigneur tenu d'exhiber tous & chacuns lesdits
tiltres & enseignemens, s'aucuns en a, lequel aussi
s'en purgera par serment.

LIV.

Si ledit Seigneur de fief est refusant (sans cause) de
recevoir en foy & hommage, son vassal : offrant luy
faire la foy & hommage, & luy payer les droicts &
devoirs portez par la Coustume, se peut en ce cas ledit vassal faire recevoir par main souveraine. Quoy
faisant (pendant le procès) luy doit estre faite main-
levée, en consignant lesdits droicts & devoirs, en la
maniere que dessus.

LV.

Le Seigneur de fief n'est tenu de recevoir en foy &
hommage le detenteur du fief tenu de luy, si premierement il n'est payé des rachats, droicts & devoirs,
auparavant escheuz & à luy deubs à cause dudit fief.
Pour raison desquels il pourra neantmoins saisir ledit
fief. Et si après la saisie signifiée audit vassal, iceluy
vassal perçoit les fruicts dudit fief, il doit estre contraint les restablir en justice : auparavant lequel restablissement ledit Seigneur n'est tenu de le recevoir en
foy & hommage.

LVI.

Et doit ledit Seigneur faire liquider dedans trois
mois lesdits fruicts. Autrement à faute de ce faire, &
ledit tems passé, sera baillé main-levée audit vassal,
en baillant par luy caution de payer lesdits fruicts
quand ils seront liquidés. Et neantmoins pendant ledit
tems de trois mois, ledit Seigneur ne fera les fruicts
siens, au moyen de ladite saisie, si elle ne tient pour
autre cause, que pour ledit restablissement.

LVII.

Et où ledit Seigneur du fief auroit fait establir Commissaires qui n'auroient esté empeschez par le vassal en la joüissance dudit fief, ledit Seigneur se doit addresser contre lesdits Commissaires. Et est l'establissement desdits Commissaires au péril & fortune dudit Seigneur.

(*dudit Seigneur*) *Quid* és autres saisies simples? Y a eu diverses opinions, neantmoins jugé que le saisissant n'est tenu de l'insuffisance des Commissaires establis à sa requête, sans dol, ou negligence équipollente à dol.

LVIII.

Si après la saisie & avant que les fruicts soient séparez du fond, le vassal fait offre raisonnable, & se met en son devoir, lesdits fruicts doivent appartenir au vassal, & non au Seigneur.

LIX.

L'aisné des heritiers du vassal decedé, ou son representant, est homme de foy, sans aucune déclaration ou election, encores qu'il n'y ait partage fait : toutesfois si partage faisant le lieu tenu en fief ou principal manoir d'icelui fief est baillé au puisné, dèslors ledit puisné devient homme de foy, mais pour tel partage n'est deu aucun profit.

(*L'aisné*) Voyez les Articles 158. 159. & 78.

LX.

Par le trespas de chacun aisné heritier du vassal, est deu rachapt & profit de fief, encores que ledit aisné n'ait fait foy & hommage, ne payé les devoirs de fief escheuz par le decez de son predecesseur.

(*n'ait fait*) *Id est*, homme de foy, suivant *Part.* lxxviij. *& hoc speciale*, en cette Coustume, & autres où sont introduits les Fiefs boursaux, car il n'y a jamais que l'aisné ou celui qui entre les boursaux, c'est-à-dire, les codetenteurs des choses subjectes à l'hommage, est éleu homme de foy, qui rende ladite foy & hommage tant pour lui que pour ses boursaux, lesquels en cas de mutation contribuent en mise de bourse pour composer le rachapt, & baillent chacun leur tennement audit aisné ou homme de foy pour dresser l'adveu, qu'il faut bailler au Seigneur, & lui est laissé preciput d'un demi arpent de terre par la Coustume, avec la maison tenue en foy pour icelle charge.

LXI.

LXI.

Si le vaſſal ayant eſté ſaiſi compoſe avec ſon Seigneur du rachapt & profit de fief qu'il peut devoir, & pour icelui payer lui eſt donné terme, dedans lequel il n'ait payé, peut ledit Seigneur joüir dudit fief, ainſi qu'il faiſoit auparavant, & iceluy ſaiſir de nouvel, ſi ſaiſi n'a eſté, qui eſt ce qu'on dit communément, *Quand argent fault, finaiſon nulle.*

LXII.

Par ladite Couſtume rachapt croiſt & diminuë: Diminuë, quand pluſieurs coheritiers partagent & diviſent un Fief, & Seigneurie à eux advenus par ſucceſſion. Car chacun puiſné tient, ſi bon lui ſemble, ſa portion de l'aiſné, lequel rachete du Seigneur ſuperieur chacun des puiſnés pour un Vaſſal, eſtimé chacun Vaſſal & rachapt ſoixante ſols tournois ſeulement: toutesfois tout ledit Fief, pour la premiere fois, ſe rachete entierement & pleinement, par la mort du prédeceſſeur deſdits coheritiers.

LXIII.

Peuvent néantmoins ledit puiſné, ou puiſnez, ſi bon leur ſemble, tenir & relever chacun leur portion de leur ſuperieur Seigneur de Fief, ce qu'ils ſeront tenus déclarer en faiſant leurſdits partages. Autrement, tiendront de leurdit aiſné, en la maniere contenuë en l'article précedent.

LXIV.

Diminuë auſſi le rachapt, quand la nature & qualité de la terre & heritage, racheté eſt naturellement ou par la diſpoſition du Vaſſal immuée. Comme quand le bois de haute fuſtaye eſt abbatu & mis en taillis, pour la premiere fois après la couppe, il ſe rachete comme bois de haute fuſtaye, mais après ſe rachete, comme bois taillis ſeulement, comme a eſté dit cy-deſſus. Auſſi quand l'eſtang à bonde, & le pré ſont mis en labeur, pour la premiere fois eſcheant après ladite mutation de qualité, ils ſe rachetent comme eſtang à bonde & prairie, mais après se rachetent selon que les terres ont esté disposées & employées, soit à bled froment, métail, ou autrement. Et à pareille raison, le rachapt croist au cas contraire, comme si la terre estant mise en labeur, est employée & convertie en prairie ou estang.

L X V.

Aussi rachapt croist, quand le Fief servant est uni & consolidé avec le Fief dominant, en quelque maniere que ce soit. Auquel cas, ce qui se rachetoit pour un Vassal seulement, advenant mutation, se rachetera en plein rachapt.

L X V I.

Le Vassal ne peut démembrer ne diminuer son Fief, au préjudice de son Seigneur, sinon au cas que le rachapt croist ou diminuë, comme il a été dit cy-dessus.

(*dit ci-dessus.*) *Quid* du proprietaire d'une maison chargée de censive ou rente Seigneuriale, qui la démolit ou laisse déperir en sorte que la valeur & le prix en est beaucoup moindre, & par ce moyen diminuë les droicts de lots & ventes du Seigneur en cas de vente & alienation? Jugé contre l'Abbé de sainct Victor de Paris, qu'estant bien & deuëment payé de son cens annuel, il ne pouvoit contraindre un habitant du Fauxbourg de rebastir sa maison située en la censive dudit Abbé, & ayant fait ordonner que le fonds seroit vendu, à la charge de rebastir, la sentence fut infirmée par Arrest du 11. Decembre 1603. au profit d'Emery de Mortagne pour lequel je plaidois. Depuis & l'an suivant fut fait l'Edict pour le restablissement des maisons des Fauxbourgs de Paris, en faveur & pour la décoration de la Ville, & fut ledit Abbé condamné és despens.

L X V I I.

Si gens d'Eglise, Chapitres, Colleges, Communautez, ou autres gens de main-morte acquierent par achapt, don, ou autrement aucuns heritages, rentes, ou domaines, le Seigneur du Fief (dedans lequel les choses sont situées & assises) encores qu'il n'ait que basse Justice, peut par ses Officiers faire faire commandement ausdits gens de main-morte, d'en vuider leurs mains dedans un an après ledit commandement. Et s'ils n'obéissent, l'an & jour passé, ledit Seigneur peut faire saisir lesdits heritages, rentes ou domaines, & faire les fruicts siens, jusques à ce que lesdits gens de main-morte ayent obéï audit commandement, sans que ledit Seigneur soit tenu de recevoir homme vivant & mourant, sinon que lesdites choses fussent admorties par le Roy. Auquel cas ledit Seigneur est tenu recevoir homme vivant & mourant, estant premierement satisfait de son indemnité.

(*Si gens d'Eglise*) Voyez le Procès verbal.

LXVIII.

Le Vassal n'est tenu de racheter de son Seigneur que ce qui lui plaît, & peut laisser en la main de sondit Seigneur ce que bon lui semble. Et néantmoins ce qu'il aura délaissé, le pourra racheter, en payant par lui le rachapt ou rachapts, pour ce deubs : Et outre soixante sols tournois pour le délaissement fait en la main de sondit Seigneur. Lequel Seigneur néantmoins pourra faire saisir lesdites choses & faire les fruicts siens, jusques à ce qu'il en soit deservi.

LXIX.

Rachapt est deu pour donation, encores que le donateur ait retenu l'usufruit, des choses par lui données dès l'instant de la donation acceptée, sans attendre la consolidation.

(*la consolidation.*) *Hoc est durum per ea que dixi in Consuet. Parif. ad fin. Tam quia donatarius potest premori & feudum ad hæredes qui aliàs vocantur, devenire : & sic tria relevia deberentur pro uno. C. M.*

LXX.

Le Seigneur de Fief, qui tient en sa main l'heritage de son Vassal par faute d'homme, n'est tenu payer & acquitter les rentes dont ledit heritage est chargé, sinon que lesdites rentes & charges fussent anciennes & infeodées, par lui ou ses prédecesseurs.

LXXI.

Si gens d'Eglise tenans, à cause de leurs benefices,

aucuns Fiefs, vont de vie à trépas, ou reſignent leurſdits benefices, eſt deu rachapt avec nouvelle foy par le ſucceſſeur audit benefice : toutesfois ſi leſdits gens d'Egliſe avoient baillé homme vivant & mourant, qui euſt eſté receu en foy & hommage par le Seigneur de Fief, le rachapt ſeroit deu par la mort dudit homme baillé, & non par la mort ou reſignation du beneficié.

LXXII.

Fille ſe mariant, ne doit rachapt pour ſon premier mariage, ne pareillement pour la mort de ſon mary, pourveu que auparavant ledit mariage elle en ait eſté acquittée : mais ſi elle ſe remarie, pour chacun mariage après le premier, doit rachapt, & non pour la mort de ſes maris.

LXXIII.

Le Seigneur de Fief ne peut couper les bois taillis, ne peſcher les eſtangs de ſon Vaſſal ſaiſi, ſinon en tems convenable, & doit uſer du Fief ſaiſi comme bon pere de famille.

LXXIV.

Le tems pour couper bois taillis, eſt de ſept en ſept ans : & pour peſcher les eſtangs de trois en trois ans, après qu'ils auront eſté peuplez.

(*de ſept ans en ſept ans*) L'Ordonnance des Eaux & Foreſts de 1669, regle la coupe des bois taillis au moins de dix années. Et par Arreſt du Conſeil du mois de Janvier 1716, il a été ordonné que le quart des bois des gens de main-morte ſeroit mis en reſerve pour croiſtre en fuſtaie, & le ſurplus diviſé en 15. coupes pour eſtre exploité en 15. années avec la reſerve de 25. Balivaux par arpent.

LXXV.

Le bois ayant paſſé trois coupes n'eſt plus reputé bois taillis, ains bois de haute fuſtaye, & pour tel ſe doit racheter.

LXXVI.

Cheval de ſervice eſt deu en chacune mutation d'homme, & n'eſt tenu le Vaſſal icelui payer qu'après

la foy & hommage par lui faits. Et est ledit cheval
de service estimé à la somme de soixante sols un denier tournois. En payant laquelle somme, le Vassal en
est quitte. Toutesfois n'est deu ledit cheval de service
pour renouvellement de foy.

LXXVII.

Si le Fief est baillé à rente, le preneur doit faire
la foy & hommage, & payer le rachapt, sinon que le
bailleur ait retenu à soy de porter la foy de la chose
par lui baillée. Car en ce faisant, la rente doit repre-
senter le fonds, & est deu plein rachapt par la mort
du bailleur, ou alienation de la rente, tout ainsi que du
fonds.

LXXVIII.

Si le Vassal qui doit porter la foy pour ses puisnez
ou bourseaux, vend sa portion de Fief subjecte à ladite foy, l'acheteur est tenu acquitter lesdits puisnez
ou boursaux des rachapts deubs à cause de ladite mutation envers le Seigneur dominant, & faire oster les
empeschemens & saisies faites par ledit Seigneur dominant.

(*ou bourfaux*) Chartres art. 17. Loyseau des Offices liv. 1. chap. 1. confond
mal ces Fiefs avec les Maities & Fiefs de Canora N. 56. Voyez Me. de la
Thaumas sur les assises p . . . . . Voyez l'Apostile de l'article lx.

LXXIX.

Entre le Seigneur feodal & le Vassal, n'y a prescription de la foy & hommage, ne de la teneure feodale. Mais les rachapts & profits Seigneuriaux se pres-
crivent par trente ans. Aussi ladite teneure feodale peut
estre prescrite par un tiers, par ledit tems de trente
ans.

LXXX.

Le Seigneur feodal ne peut faire les fruicts siens,
sinon qu'il ait fait saisir le Fief de son Vassal. Et ayant
ce fait, ne laisse à faire lesdits fruicts siens, encores qu'il
n'ait fait establir Commissaires.

TITRE TROISIE'ME.

DE CENS ET DROICTS
SEIGNEURIAUX.

LXXXI.

L'Acquereur d'heritage tenu à cens, doit dedans quarante jours exhiber ses lettres d'acquisition au Seigneur, dont ledit heritage est tenu. Et à faute de ce faire, doit sept sols six deniers tournois d'amende. Et neantmoins peut le Seigneur contraindre ledit acquereur de lui exhiber lesdites lettres pour se faire payer des droicts à lui deubs.

LXXXII.

Le Seigneur censuel peut pour cens & double cens non payé aux termes qu'ils sont deubs, faire saisir l'heritage redevable dudit cens. Mais par le moyen de telle saisie, ne fait les fruicts siens, & se paye seulement sur iceux de ce qui lui est deu dudit cens & double cens, ensemble de l'amende, qui est de sept sols six deniers tournois, pour n'avoir payé ledit cens ne double cens audit terme.

LXXXIII.

Toutesfois où le cens seroit requerable, l'amende n'est deuë, sinon après la requisition, auparavant laquelle le Seigneur ne peut saisir.

LXXXIV.

Le Seigneur censuel, auquel appartient cens premier, ou infeodé, a droit de prendre double cens à toute mutation de censier, qui est tel: que si le cens est d'un denier, le double cens sera de deux deniers. Lequel double cens se doit payer dedans quarante jours après ladite mutation. Et neantmoins ledit censier ne laissera de payer le simple cens au jour qu'il est ordinairement deu.

LXXXV.

Le Seigneur à toutes mutations advenuës d'un costé ou d'autre, peut contraindre ses subjects tenans de lui à cens ou rente infeodée à vie ou à perpetuité, bailler par déclaration les heritages tenus de lui. Et s'ils sont subjects du ban de son moulin, le doivent employer en leurdite déclaration.

LXXXVI.

Par ladite Coustume, ventes sont deuës par l'acquereur, à la raison de vingt deniers tournois pour livre, pour raison de vendition d'heritages qui sont tenus à cens seulement, fors & excepté en ladite Chastellenie de Mortagne, où ne sont deuës aucunes ventes. Toutesfois en la Chastellenie de Regmallard & Fiefs qui en dépendent, comme Feillet, Vaujours & autres, sont deuës ventes, à la raison dessusdite.

(*fors & excepté*) Ainsi de quelque autre devoir, bien que Seigneurial, & emportant recognoissance de directe Seigneurie que soit chargée l'heritage, ne sont deuës ventes. Neantmoins quelques Seigneurs opposans audit article ont esté conservez en leurs tiltres & possessions. Voyez le procès verbal.

(*Toutesfois en la*) Grand privilege pour la Ville & Chastellenie de Mortagne, dont je n'ai peu jamais trouver la concession ni la cause, quelque recherche que j'aye peu faire.

LXXXVII.

Et quand à la Baronnie de Longny, pour les choses estans en la Bourgeoisie dudit lieu, sont seulement deubs dix deniers tournois pour livre. Es hors ladite Bourgeoisie vingt deniers tournois, comme dessus.

LXXXVIII.

En eschange fait but à but, sans retour & sans fraude, ne sont deuës ventes, encores que les heritages eschangez soient en diverses Seigneuries. Mais où il y auroit retour & soulte de deniers, sont deuës ventes pour ladite soulte seulement.

LXXXIX.

Pour donations simples & renumeratoires faites sans fraude, ne sont deuës aucunes ventes.

X C.

En bail à rente pur & simple, ne sont pareillement deuës aucunes ventes.

(*aucunes ventes.*) Et n'y est le retrait admis, art. clxxxvij.

X C I.

Pour rentes constituées à prix d'argent, ne sont deuës ventes.

X C I I.

Toutesfois si la terre affectée à ladite rente, estoit venduë à la charge d'icelle, ladite charge sera estimée faire portion du prix, & pour raison d'icelle seront deuës ventes.

TITRE QUATRIE'ME.

DE DONATIONS.

LOUIS XV. par son Ordonnance donnée à Versailles au mois de Février 1731. registrée au Parlement le 9. Mars 1731. a fixé la Jurisprudence sur la nature, la forme, les charges ou les conditions des donations entre-vifs.

XCIII.

IL est loisible à toute personne usant de ses droicts de disposer entre-vifs, de tous ses biens meubles propres & acquests immeubles, & les donner à toutes personnes capables, soit parent ou autre.

(*soit parent ou autre.*) Non comprises en l'Ordonnance des Baillistes. Par les Arrests on y a compris les Convents de l'Ordre, auquel ceux qui donnent ou leguent sont Noviciat, les Medecins & les Apoticaires, ou leurs enf us , auſquels on legue par teſtament. Jugé neantmoins qu'une donation faite par teſtament à un Confeſſeur eſtoit vallable , par Arreſt du 5. Juin 1610. Lamoureux & conſors , & Leonarde de Mouſiere veuve de Martin Pradeau , parties.

XCIV.

L'homme & femme conjoints enſemble par mariage eſtans en ſanté, ou n'eſtans malades de la maladie,
dont ils ſeroient depuis decedez, peuvent faire donation mutuelle l'un à l'autre, & au ſurvivant d'eux,
de tous leurs meubles à perpetuité, & de leurs acqueſts
& conqueſts immeubles, à vie, & par uſufruit, &
auſſi de leurs propres, pour le tems & eſpace de neuf
ans (ſi tant vit le ſurvivant) ſeulement. Le tout
pourveu qu'il n'y ait enfans de leur mariage, ou d'autre, vivans lors du decès du premier decedé : En baillant par le ſurvivant, caution, telle qu'il pourra bailler, de joüir deſdites choſes ſubjectes à retour, comme bon pere de famille, les entretenir en eſtat ſuffi-
ſant, & tel qu'il les aura euz. Et neantmoins en affer-
mant par ledit ſurvivant, ne pouvoir bailler caution,
en joüira à ſa caution juratoire, & ſous obligation
& hypotheque de tous & chacuns ſes biens preſens &
advenir.

XCV.

Et ſera ledit ſurvivant ſaiſi des choſes à luy données, du jour du decès du prédecedé, pour raiſon
deſquelles pourra former complainte contre l'heritier
ou autre, ſans qu'il ſoit tenu en demander délivrance.

XCVI.

Auſſi ſera tenu ledit donataire ſurvivant, payer &
acquiter les charges réelles deſdites choſes à lui données. Et pareillement icelui ſurvivant (auquel leſdits
meubles auroient eſté donnez) ſera tenu accomplir le
teſtament dudit defunct, payer les obſeques, funerailles & debtes mobiliaires.

D

(*auroient eſté*) Ergo ſemble qu'en ceſte Couſtume les meubles ſoient partí-
culierement afſectez au payement des debtes, *ſed non verum*, & eſt l'uſage au
contraire. Voyez l'Apoſtile ſur les articles cxxviij. clv. & cxlix.

XCVII.

Et pendant le tems que ladite femme joüira des
immeubles à elle donnez, en la maniere cy-deſſus, y
aura confuſion de ſon doüaire. Et icelui expiré, aura
lieu ledit doüaire.

XCVIII.

Et par autre moyen que par ladite donation mutuelle, leſdits conjoints par mariage, ne ſe peuvent
donner entre-vifs directement ou indirectement, par
quelque maniere que ce ſoit.

(*que ce ſoit.*) Voyez l'Apoſtile ſur l'article cxxvilj. De cet article pluſieurs
ont pris la raiſon pour introduire & ſouſtenir le remploy des propres alienez
de l'un ou l'autre des conjoints, ſans ſtipulation par les contracts de mariage
ou de vendition, contre laquelle cy-devant on avoit accoûtumé de denier
l'action, ſuivant un Arreſt general donné en la Couſtume de Blois, & l'ancien uſage de Paris avant la redaction de la Couſtume, dont y a tant d'Arreſts, qu'ils peuvent compoſer de juſtes volumes : néantmoins à preſent l'action
du remploy eſt receuë par tout ſur les biens de la communauté, & ainſi
jugé en ceſte meſme Couſtume par Arreſt du 21. Mars 1604. au rapport de
Monſieur Quelain, entre Eſtienne le Fevre & Marie Boiſnet ſa femme, ap-
pellans du Bailly du Perche à Belleſme, & René Boiſnet intimé, par lequel
fut dit que ſur les biens de la communauté le pere reprendroit le prix de
ſes propres alienez. *Nota*, encore qu'en ce cas meſme, c'eſt à-dire, ſans ſtipulation de remploy, la Cour a jugé l'hypotheque du jour du contract de
mariage, ſuivant la loy unique. §. *lateat, C. de rei uxor aẛ.* par Arreſt donné au rapport de Monſieur Savare, après enqueſte par turbes ſur les clxiv.
& v. de la Couſtume de Blois, le 6. May, publié le 5. Juin 1609. Autre Arreſt pour le meſme hypotheque, au rapport de Monſieur Portail en la 5.
des Enqueſtes le 23. Decembre 1614. pour un nommé Germignon. Monſieur
Maiſtre Touſſainćts Chauvelin m'a donné leſdits deux Arreſts.

XCIX.

Un baſtard peut diſpoſer entre-vifs, & par teſtament, de tous ſes biens.

C.

Don de concubinaire à concubine, & de concubi-
re à concubinaire frequentans & converſans ordinairement enſemble, ne vaut.

CI.

Don ne saisit sinon entre deux conjoints, comme il a été dit cy-dessus. Et faut qu'il y ait délivrance actuelle, retention d'usufruict, constitution de precaire, ou autre clause translative de possession, ou que le donataire ait du consentement du donateur joüi des choses à lui données.

TITRE CINQUIE'ME.

DE COMMUNAUTE' DE BIENS.

CII.

L'Homme & femme conjoints par mariage, ayans demeuré par an & jour en icelui mariage, acquierent communauté de tous meubles, & outre des acquests & conquests immeubles par eux faits durant & constant ledit mariage. Tellement que le mary est tenu personnellement de payer les debtes de sa femme, & en peut estre valablement poursuivi durant ledit mariage. Aussi la femme est tenuë après le trespas de son mary, payer la moitié des debtes mobiliaires faites par ledit mary, tant durant ledit mariage, qu'auparavane iceluy.

CIII.

Ledit mariage dissolu, lesdits meubles & conquests se divisent par moitié entre le survivant & les heritiers du decedé: pourveu que les conjoints ayent demeuré par an & jour ensemble.

CIV.

Peut toutesfois ladite femme renoncer, si bon lui semble, à ladite communauté dedans quarante jours,

après qu'elle aura eu cognoissance du decès de son mary, si elle est noble, & trente jours après, si elle est
roturiere. En faisant ladite renonciation en personne,
ou par Procureur specialement fondé, pardevant le
Juge ordinaire du lieu, de leur demeurance, ou du
lieu où le mary seroit decedé (l'heritier apparent appellé si aucun en y a) sinon le Procureur du Roy ou
de la Seigneurie dudit lieu.

(si elle est roturiere.) Ergo la renonciation faite hors le tems & sans ces
formalitez seroit nulle, & la veuve subjecte au payement de la moitié des
debtes. J'ai veu ce procés : Une veuve renonce à la communauté hors le
tems de la Coustume, depuis elle prend lettres pour estre restituée contre
cette renonciation, sur ce qu'elle expose l'avoir faite par les persuasions &
dol du tuteur de ses enfans, lequel lui supposoit y avoir plusieurs grandes
debtes, joint que telle renonciation ne lui pouvoit servir contre les créanciers, pour estre faite hors le tems, & ainsi sans cause : Demandoit partage
de la communauté : auquel par sentence du Vicomte du Perche Juge ordi-
dinaire du Pays, elle fut admise en entherinant les lettres. Appel par le
tuteur pardevant le Bailly du Perche à Bellesme, lequel ne trouvant au procés aucune preuve des persuasions du tuteur, infirme la sentence, & deboute
la veuve de ses lettres, & du partage à la communauté, à laquelle elle
avoit renoncé. Elle en appelle à la Cour, & fut la sentence du Bailly confirmée, par Arrest donné en l'an 1613. J'avois escrit au procés pour l'intimé. C'estoit la veuve Verdier.

CV.

Neantmoins où il se trouveroit que la femme eust
fait fraude, emporté, latiré, ou recelé aucuns biens
de ladite communauté, sera privée dudit benefice de
renonciation.

(de renonciation.) Partant payera la moitié des debtes Plusieurs tiennent
neantmoins que faisant bon & loyal inventaire, elle n'est tenuë que jusques
à la concurrence d'icelui, & de ce qu'elle amende de la communauté, suivant
la Coustume de Paris, & alleguent des Arrests en diverses Coustumes, mais
j'n'en ay point veu en celle cy, bien que la raison soit generale, & doi-
ve avoir lieu par tout.

CVI.

La communauté d'entre lesdits conjoints par mariage, ne se discontinuë par le trespas de l'un d'eux,
ayant laissé enfans dudit mariage ou autre. Ains peuvent lesdits enfans demander, si bon leur semble, com-

munauté de tous les biens meubles & conquests immeubles avec le survivant, soit qu'il se remarie ou non, jusques à ce que inventaire desdits biens ait esté fait solemnellement pardevant le Juge ordinaire du lieu, & tenu pour clos.

(*conquests immeubles*) Jugé au procès de Dame Marie de Poix, par Arrest du 16. Mars 1615. au rapport de Monsieur Haste, aprés avoir veu les Arrests du 30. Juin 1585. entre les enfans de defunct Barbier, & un autre du 7. May 1607. entre les Martinets, qu'en la continuation de la communauté entrent les acquests & conquests tant du premier que second mariage. De mesme par Arrest d'Audience du Jeudy 17. Avril 1607. jugé que les acquests pendant le mariage entrent au partage de la continuation de communauté, ores que les enfans les prétendent propres, & que ceste continuation soit introduite *in pœnam*, du survivant qui a obmis de faire inventaire, & ce en confirmant la Sentence du Prévost de Paris, avec amende & despens, contre l'advis de la plus part des anciens Advocats.

(*fait solemnellement*) La Coustume de Paris pour rendre l'inventaire solemnel veut qu'il soit fait avec partie & legitime contradicteur, & à ceste fin crée-on un curateur. Celle ci ne passe si avant Voyez l'article clxxj. Neantmoins c'est le plus seur, car comment un inventaire est-il solemnel, s'il n'y a un contradicteur legitime?

(*& tenu pour clos.*) Il est necessaire que l'Inventaire soit clos pardevant le Juge. Mais ceste Coustume semble desirer aussi, qu'il soit fait pardevant le Juge. Par plusieurs Arrests qui sont communs, & le dernier donné en l'Audience contre les Officiers du Siege Presidial de Clermont, défenses sont faites aux Juges de proceder à la confection des inventaires, s'ils n'en sont requis par les parties, ains leur enjoint de les laisser aux Notaires, suivant l'article clxiv. de l'Ordonnance de Blois. Et auparavant ledit Arrest de Clermont, j'ai veu en ceste Coustume un tuteur demeurant à Montigny, condamné à faire proceder à l'inventaire pardevant le Juge du lieu, encores qu'il requist un Notaire, avoir appellé de ce jugement pardevant le Bailly de la Baronnie de Nogent, qui confirma. Et derechef pardevant le Bailly du Perche, qui confirma pareillement en consequence de cet article, & adjousta que le Juge seroit tenu se contenter de soixante sols par jour pour sa vaccation. Derechef appel en la Cour, en laquelle Monsieur de la Marteliere pour Monseigneur le Prince Seigneur dudit Nogent & de Montigny, incisé, aprés avoir longuement contesté au parquet de Messieurs les Gens du Roy, ne voulut enfin soustenir les sentences, & consentit qu'il fust procedé par le Notaire.

CVII.

Entre autres personnes que les dessusdits, n'y a communauté par quelque demeurance que les personnes ayent fait ensemble, sinon qu'elle soit expressément contractée,

CVIII.

Le mary est maistre des meubles, acquests & conquests immeubles, faits durant le mariage, tellement qu'il en peut disposer par disposition entre-vifs à sa volonté, ensemble des fruicts provenans des propres de sadite femme, sans fraude.

CIX.

Femme mariée ne peut s'obliger ne ester en jugement sans l'auctorité de son mary, & le contract fait par elle sans ladite auctorité est nul, soit au préjudice d'elle ou de sondit mary, sinon qu'elle soit séparée par justice, ou marchande publique. Et estant marchande publique, se peut obliger sans son mary, pour le faict de sa marchandise.

(*qu'elle soit séparée*) Neantmoins estant séparée, ne peut vendre sans l'auctorité de son mary.

CX.

Le mary seul peut conduire les actions mobiliaires & possessoires de sa femme. Mais quant aux réelles & petitoires, ne les peut conduire sans le consentement de sadite femme, sinon pour son interest.

TITRE SIXIE'ME.

DE DOUAIRE.

CXI.

FEmme mariée est doüée par ladite Coustume de la tierce partie de tous & chacuns les heritages qui appartenoient à son mary, au jour des épousailles : & de la tierce partie des heritages, qui depuis lesdites épousailles seroient advenus à sondit mary en ligne directe, pour en joüir par elle sa vie durant.

(*les heritages*) Par Arrest donné en l'Audience le 24. jour de Juillet 1618. en infirmant la Sentence du Bailly de Chartres, fut dit en cette Coustume qu'une veuve prendroit son doüaire coustumier sur les deniers encore deubs du prix de l'Office de Lieutenant du Prévost des Mareschaux du Perche, parce qu'il n'y avoit autres biens, & que par contract de mariage cet office avoit esté donné au mary par ses pere & mere pour lui estre propre & tenir lieu de partage en leur succession. Les parties Jeanne Lohu & André Olivier.

CXII.

Et si doüaire estoit préfix & accordé à ladite femme par contract de mariage. A neantmoins ladite femme choix & option de prendre ledit doüaire coustumier, ou se tenir audit doüaire préfix, sinon que par ledit contract de mariage fut dit par exprès que ladite femme n'aura doüaire coustumier, ains se tiendra à son doüaire préfix & conventionnel.

CXIII.

Femme qui au cas dessusdit, a option de doüaire coustumier ou préfix, doit dedans quarante jours après le decès de son mary opter, & le signifier à l'heritier, s'il y en a apparent, sinon à Justice. Et à faute de ce faire perd ladite option, & se doit tenir à son doüaire conventionnel.

Lequel estant racheté demeure à la femme & ses heritiers sans retour, Arrest d'Audience du 14 Mars 1617. plaidant Monsieur Brodeau.

CXIV.

Doüaire saisit du jour de la déclaration faite par ladite femme, audit cas d'option. Et où elle n'auroit ladite option, ains seulement doüaire coustumier ou préfix, ledit doüaire tant coustumier que préfix saisit du jour du decès du mary.

CXV.

Femme veuve peut demeurer en la maison de son feu mary par an & jour après le decès d'icelui, pourveu qu'elle ne se remarie dedans ledit tems. Et où il n'y auroit qu'une maison, ledit tems passé en sortira. Mais où il y auroit plusieurs maisons, après que l'heritier en aura prins & choisi une pour lui, ladite femme pourra demourer en telle des autres maisons qu'elle voudra choisir, durant sa viduité seulement. Et ne lui sera la maison comptée pour doüaire, mais l'aura outre & par-dessus icelui.

CXVI.

Ladite femme est tenuë d'entretenir ladite maison en bon & suffisant estat : ensemble les autres heritages dont elle joüit par doüaire, & les acquitter de toutes charges réelles.

C'est-à-dire, de toutes grosses & menuës reparations, fors des quatre gros murs.

CXVII.

Doüaire est acquis à la femme dès la benediction nuptiale.

CXVIII.

Pour le forfaict du mary, par lequel ses biens seroient confisquez, la part que la femme a des meubles, acquests & conquests immeubles, au moyen de la communauté, ne tombe en confiscation. Ains doit estre reservée à la femme, comme elle seroit par la mort naturelle dudit mary.

CXIX.

Si le mary sans le consentement de sa femme, vend son heritage subject à doüaire du tout ou en partie, la femme peut après le decès de sondit mary demander son doüaire à l'acheteur sur les heritages ainsi vendus.

(ainsi vendus.) *Nonobstante quocumque lapsu temporis, & nonobstante decreto & subhastationibus interim interpositis dummodo matrimonium sit publicum & non clandestinum, ut dixi in consuet. Parif. cod. tit. C. 96.*

CXX.

Plusieurs doüaires peuvent avoir lieu sur une mesme terre, & n'empeschent l'un l'autre. Et aura la premiere doüariere son doüaire sur le tout. La seconde sur le demeurant, & ainsi des autres.

TITRE

TITRE SEPTIE'ME.

DE TESTAMENTS.

LOUIS XV. par son Ordonnance donnée à Versailles au mois d'Août 1735. registrée en Parlement le 3. Fevrier 1736. a fixé dans tout le Royaume la Jurisprudence pour la forme des Testaments.

CXXI.

INstitution d'heritier n'a lieu, c'est à dire qu'elle n'est requise pour la validité du testament, laquelle faite en icelui, neantmoins vaudra comme legs & disposition testamentaire pour le regard, & jusques à la concurence de ce qui est par la Coustume permis au testateur de disposer.

CXXII.

Le testament est reputé solemnel & valable, quand il est escrit & signé de la main du testateur ou bien par lui dicté ou nommé, & receu par le Curé du lieu ou son Vicaire principal, ou un Notaire ou Tabellion, en presence de deux Tesmoins. Et que icelui testament soit par lesdits Curé, Vicaire, Notaire ou Tabellion, en presence desdits tesmoins releu au testateur, & qu'il soit faite expresse mention audit testament, qu'il a esté nommé ou dicté, releu & entendu par ledit testateur. Et est tenu ledit Curé d'an en an declarer au Juge ordinaire du haut Justicier du lieu où aura esté receu ledit testament, le nom de sondit Vicaire principal, & le faire enregistrer au Greffe de la Justice dudit lieu.

(*dicté ou nommé*) Un Testament escrit de la main d'un tiers, signé du testateur, recogneu pardevant Notaires, l'acte de recognoissance portant qu'il avoit esté dicté & nommé par le testateur, & à lui releu, jugé nul, en confirmant une Sentence du Prévost de Paris, Arrest d'Audience du 16. Février 1618. Autre, aussi d'Audience du penult. Decembre 1604. un testament passé à Orleans, où le mot de *dicté* estoit simplement, & celui de *nommé* obmis, jugé valable, le mot de *nommé* estant compris en celui de *dicté*. Autre encore d'Audience du 10. Février 1617. par lequel un testament receu pardevant un Notaire, portant qu'il avoit esté redigé par escrit, & proferé de la bouche du testateur, & à lui leu & releu, estoit nul, nonobstant la Loy *Ambiguitates C. de Testam.* & que l'on soustint que le mot *proferé* n'estoit pas seulement équipollent, ains emportant autant que *dicté* & *nommé* Le fils de Monsieur Durant, très-digne Senateur, plaidoit en la cause, fils digne d'un tel pere, & a esté depuis receu par la Cour en la Charge de Lieutenant General de Touraine, avec remerciment au pere d'une si bonne & rare nourriture.

(*Justice dudit lieu.*) Cela est très-necessaire, & neantmoins negligé par les Officiers des lieux.

CXXIII.

En ligne tant directe que collaterale aucun ne peut estre heritier & legataire ensemblement.

(*legataire ensemblement.*) Ni aussi donataire, par l'article suivant, & par l'article 150. C. M.

Maistre Charles du Moulin pensoit ailleurs, en notant cet article. Car le suivant, ni le 150. ne parlent point de ce qu'il remarque. *Nota*, neantmoins que l'on peut en ligne collaterale estre heritier & legataire d'une mesme personne en diverses successions, sçavoir est, heritier des propres en une Coustume, & legataire des meubles & acquests en une autre, pourveu toutesfois qu'il n'y ait biens, esquels le legataire puisse succeder en la Coustume, en laquelle il recueille son legs. L'Arrest des Bureaux remarqué par le mesme du Moulin sur l'article xci, de la Coustume de Montfort. De mesme jugé au rapport de Monsieur de Grieux le 7. Février 1589. entre du Croc & Lamier, qu'en ligne collaterale à Paris on peut leguer au fils de son heritier. Ainsi en la Coustume d'Orleans, & depuis en celle de Lorris, par Arrest d'Audience du 10. Février 1605. Monsieur Macharel plaidant.

CXXIV.

Le legataire n'est saisi, mais doit estre saisi par l'heritier.

CXXV.

Pere, mere, ayeul, ayeule ou autres ascendans, ne peuvent par testament & derniere volonté ou disposition entre vifs, soit en faveur de mariage ou autrement en maniere quelconque directement ou indirectement, advantager leurs enfans l'un plus que l'autre, soit qu'ils viennent à la succession, ou qu'ils y vueillent renoncer.

(*veuillent renoncer.*) L'on a douté de nouveau, si en consequence des articles cclx. & cccxxxvij. de la Coustume d'Anjou, qui sont pareils a celuicy, les pere & mere qui sont obligés aux conventions matrimoniales de leurs enfans, peuvent estre convenus outre la part & portion qui pouvoit appartenir en leur succession ausdits enfans. Et bien que ceste question semblast nouvelle & de peu de difficulté contre lesdits pere & mere, neantmoins par Arrest d'Audience du 3. Juin 1621. a esté appointée au Conseil. Les parties Ester de la Livre en la qualité qu'elle procede, & Pierre & Raphaël de Gennes & Consors : Messieurs Yuet & Pageau plaidant.

CXXVI.

Et si pere, mere ayeul ou ayeule, ont donné aucune chose à l'un de leurs enfans, soit en faveur de mariage, ou autrement, lad. chose donneé se doit rapporter au partage, ou la juste valeur & estimation d'icelle, qui doit estre faite pour le temps que la chose a esté baillée, & non du temps du rapport & partage.

(*rapport & partage*) *Quid,* si l'enfant renonçant à la succession de pere ou mere, doit rapporter aux créanciers ? Par Arrest d'Audience du 4. Aoust 1605. jugé que non, en la Coustume d'Anjou, avec amende contre l'appellant : mais fut observé que le créancier estoit posterieur au contract de mariage. J'ai ouï tenir le mesme à l'égard des anterieurs créanciers, mais je ne l'ai veu juger, & en douterois fort en ces Coustumes. Les parties dudit Arrest Nicolas Barbot & Consors, & Maistre Jacques Garnier & Perrine des Landes.

CXXVII.

Toutesfois les fruicts desdites choses données ne se rapportent, ne la despense faite pour entretenir enfans aux escoles, ou pour les envoyer en la guerre, ou pour leur apprendre mestier & marchandise.

(*ne se rapportent*) *Scil.* Jusques au temps de l'ouverture de la succession.

CXXVIII.

Homme & femme conjoints par mariage, ne peuvent par testament & ordonnance de derniere volonté, donner l'un à l'autre directement ou indirectement, par maniere que ce soit, s'ils ont enfans de leur mariage ou autre. Et s'ils n'en ont, se pourront donner l'un à l'autre, la portion des meubles à eux appartenans.

(*mariage ou autre.*) C'est ici un lieu commun sur la diversité des Arrests rendue en plusieurs Coustumes. A Paris, l'article à present après tant de contestations jugées ne reçoit plus de doute, & qu'un mary ou femme n'ayans enfans ne puisse donner aux enfans du premier lict de sa femme ou mary, cessant la suggestion, dont la preuve est toujours receuë. mesmes en testamens olographes, comme elle fut en la cause des enfans de feu Monsieur Mornac, au profit desquels depuis, n'y ayant preuve de suggestion, le testament de Damoiselle   Ninan, femme en secondes nopces dudit sieur Mornac, fut confirmé. Ceste Jurisprudence ayant pris son auctorité d'un Arrest de 1587. donné au rapport de feu Monsieur de Hete, après enquestes par turbes faites au Chastelet, & est particuliere à Paris. Car ailleurs le droict commun est suivi, & en ceste Coustume y a deux Arrests. l'un sur l'appel du Bailly du Perche au Siege de Mortagne, pour un nommé la Vie. remarqué par Monsieur Brodeau en ses doctes Commentaires. L'autre depuis en la 4. des Enquestes, au rapport de Monsieur le Nain, le 16. Mars 1619, après avoir demandé l'advis aux Chambres, entre Remy Hauliere & consorts d'une part, & Jeanne Brouard, d'autre part, pour une donation entre vifs faite par François Hauliere à ladite Brouard fille de la femme dudit Hauliere, à la charge de le nourrir & entretenir le reste de ses jours, & faire ses obseques & funerailles après sa mort, ce qui avoit esté fait. La donation ayant esté debatuë pardevant le Bailly de la Chastellenie de Preaux, le procès me fut envoyé par Maistre Pierre du Vau, Juge dudit lieu, pour le juger par conseil d'anciens Advocats du Parlement, lesquels furent d'advis de casser la donation, avec despens. La sentence fut confirmée par le Bailly du Perche à Bellesme, avec grande contestation, sans despens de l'appel. Et de rechef en la Cour aussi sans despens dudit appel, à la charge de rembourser par les heritiers les obseques, frais funeraires & autres faits en consequence de la donation, encores que l'on eust produit un Arrest precedent donné en la même Coustume, au profit de Maistre François Mauduison Secretaire du Roy, & Damoiselle Louise Aubin sa femme, contre un nommé Clereau du   par lequel pareille donation avoit esté confirmée. Monsieur Boutier du même pays avoit escrit au procès.

(*à eux appartenans*) *Nota*, qu'en cet article les meubles sont donnez sans charge de payer les debtes, *ergo non verum*, comme l'on a voulu dire, qu'en cette Coustume personne n'aye les meubles à quelque tiltres que ce soit, sinon en payant les debtes mobiliaires & personnelles.

CXXIX.

Toutes autres personnes peuvent donner, par testament tous & chacuns leurs biens meubles, & acquests & conquests, immeubles, ensemble le quint de leurs propres, à toutes personnes capables, soit parent ou autre.

CXXX.

Toutes donations & autres dispositions faites entre vifs durant la maladie (de laquelle le donateur seroit après deced) sont reputées testamentaires.

CXXXI.

L'aage pour pouvoir valablement tester des meubles & acquests immeubles, est (quant aux masles) de vingt ans accomplis, & quant aux femelles de dix-huict ans. Et pour le regard des propres, quant ausdits masles & femelles de vingt-cinq ans. Et esdits cas & aages peuvent lesdites femmes estans mariées disposer, sans l'authorité de leurs maris.

(de vingt cinq ans.) *Valde æquum ad obviandum subhastationibus.* C. M. Scil. par testament,

CXXXII.

Le mary par son testament, ne peut disposer des biens meubles, acquests & conquests immeubles, communs entre luy & sa femme au préjudice de sadite femme : ains seulement peut disposer de sa moitié.

(disposer de sa moitié.) Qu'd si la femme renonce à la communauté après le decès du mary, lequel avoit legué tous ses meubles, acquests & conquests? A qui appartiendra la moitié desdits meubles, acquests & conquests de ladite femme, ou à l'heritier, ou au legataire du mary ? Question arduë. Neantmoins par Arrest donné au profit de Genevielve Villard le 19. Avril 1607. lesdits meubles, acquests & conquests adjugez au legataire, le procès ayant esté party.

CXXXIII.

L'executeur testamentaire est saisi du jour du trespas du testateur des biens meubles, delaissés par iceluy pour l'accomplissement de son testament, jusques à la concurence de ce qui est liquidé par le testament. Et où l'heritier luy voudra bailler & consigner deniers comptants pour acquiter ledit testament, sera faite entiere delivrance audit heritier des biens de la succession.

(des biens meubles,) Par Arrest d'Audience du 11. Février 1616. jugé en la Coustume de Paris sur l'article ccxcvij. que l'executeur testamentaire seroit saisi du revenu des immeubles aussi bien que des meubles, bien que la Coustume ne parle que des meubles, non plus que celle-cy. Messieurs de la Martelliere & Galland plaidant. Les parties les Sieurs Vion Maistre des Comptes, & Descordes.
(de la succession.) Cela est tres-raisonnable, & devroit avoir lieu par tout.

CXXXIV.

Auquel cas fera ledit executeur deschargé du surplus de laditte execution, fans ce que les legataires ou autres fe puiffent addreffer contre luy , finon pour lefdites chofes liquides : lefquelles il fera tenu payer & acquiter en plus grande diligence que faire fe pourra. Et où il feroit en demeure, fera pourfuivi par le Procureur du Roy ou de la Seigneurie.

CXXXV.

Ledit executeur teftamentaire n'eft tenu d'accepter ladite execution, fi bon ne lui femble, finon qu'il euft prins & accepté le legs teftamantaire à luy fait. Auquel cas fera contraint executer ledit teftament en la forme & maniere que deffus.

TITRE HUITIE'ME.

DES SUCCESSIONS.

CXXXVI.

LE mort faifit le vif, fon plus prochain heritier habile à luy fucceder.

CXXXVII.

Entre nobles en fucceffion directe , appartient au fils aifné ou fes reprefentans, foit fils ou fille , pour fon droict d'aifneffe & preciput, le chaftel & manoir principal, haute & baffe court, avec le circuit , & toutes chofes eftans dedans ledit circuit , comme granges , eftables & autres édifices, preffouer , douves & foffés. Et s'il n'y a foffés , luy appartient avec ledit manoir & clofture un arpent de terre.

CXXXVIII.

Appartient auffi audit aifné le bois de haute fuftaye ,

estant près & à la veuë de ladite maison, limitée &
reduite à un quart de lieuë, où ledit bois ne contiendra plus de quarante arpents. Et où il contiendra davantage, le surplus demeurera aux puisnés, desquels
toute fois ledit aisné le pourra racheter, en les recom-
pensant en autres biens de la succession, si tant y en a,
sinon en deniers & à prix raisonnable.

(*le bois de haute fustaye*) A Anjou 117.

CXXXIX.

Et où près ladite maison y aura plusieurs bois de
haute futaye, ledit aisné sera tenu de prendre & se contenter du plus prochain, encores qu'il fust de moindre
estenduë que le plus lointain, & qu'il ne contint ladite
quantité de quarante arpens.

CXL.

Aussi appartient audit fils aisné pour sondit preciput & droict d'aisnesse la justice de la terre en laquelle
il prend ledit preciput, la fuye ou colombier, ou droict
d'icelle dependant du lieu où il a prins son preciput,
les garennes à bois & à eau, l'estang & moulin pendant
en la chaussée de l'estang ou estangs sur la riviere ou ruis-
seau, profits & émolumens d'iceux.

(*l'estang & moulin*) *Aux premieres impressions y a*, moulins pendans,
mais il est ainsi au vrai original.

CXLI.

Et doit avoir ledit aisné lesdits bois de haute futaye,
ladite fuye, garenne, estangs & moulins, encores qu'ils
ne soient assis au fief dudit principal manoir, pourveu
qu'ils soient à veuë d'iceluy principal manoir. Et où lesdites choses seroient assises dedans ledit fief, les doit
aussi avoir, encores qu'elles ne soient à la veuë dudit
manoir.

CXLII.

Et a lieu ledit preciput és successions tant de pere

que de mere, ayeul, ayeule, & autres ascendans, soit que lesdites successions eschéent, & soient partagées en même ou divers temps.

CXLIII.

Peut ledit aisné prendre sondit preciput, en telle terre de chacune desdites successions qu'il voudra choisir, soit feodale ou roturiere, estant ladite roturiere és champs, & non en la ville.

CXLIV.

Et le surplus des heritages tant feodaux que roturiers, cens, rentes, & tous immeubles se partagent entre les aisné & puisnés : en maniere que où il y a plusieurs puisnés, l'aisné noble ou ses representans, soit fils ou fille, aura la moitié, & les puisnés l'autre moitié.

(*l'autre moitié*) Sans distinction de fief ni roture. C'est par ceste consideration qu'entre Nobles, l'aisné prenant outre son preciput la moitié de tous les immeubles, paye la moitié des debtes, *Secus* és Coustumes esquelles il partage également les rotures ou autre nature de biens : car en ce cas il ne paye que *in viriles.* Monsieur Louet *sub littera* D. *cap.* xvj. Voyez l'Apostile de l'article cxlix.

CXLV.

Et où il n'y aura qu'un puisné ou ses representans, soit fils ou fille, doit avoir les deux tierces parties desdits heritages, cens, rentes, ou autres immeubles. Et le puisné, soit fils ou fille, l'autre tierce partie.

CXLVI.

Au fils aisné noble ou ses representans, comme dessus, appartiennent tous les meubles, debtes actives, mobiliaires & personnelles és successions de pere, mere & autres ascendans. Et le rapport fait par les puisnés de ce qu'ils ont eu par pere, mere ou autres ascendans en faveur de mariage ou autrement, se divise entre ledit aisné (qui en prend la moitié) & les puisnés qui en prennent ensemblement l'autre moitié.

(*qui en prend la moitié*) Ergo le rapport des deniers donnez en faveur de mariage est estimé immeuble en ceste Coustume.

CXLVII.

CXLVII.

Le fils aisné noble prenant les meubles, est tenu d'acquitter les debtes mobiliaires du defunct, payer les obseques & funerailles, & rachaps deub, par le decez dudit defunct.

De cet article & suivants, on voulu inferer que generalement en ceste Coustume l'heritier mobiliaire estoit seul tenu des debtes mobiliaires & personnelles, joint ce que l'on infere de l'article xcvj. Mais c'est une erreur, car ces articles ont leur cas special, qui ne peut estre estendu à d'autres, & par les articles cxxviij. cxxix. & clvj. où il est disposé des meubles, c'est sans ceste charge. La question s'estant presentée entre Maistre Jean Brebion heritier mobiliaire de son fils, & les nommez Brulez, heritiers maternels, pour le payement des debtes d'iceluy fils, desquelles le pere estoit poursuivi seul, & avoit fait appeller en sommation lesdits heritiers maternels pour y contribuer, *pro modo emolumenti*, aprés une forme d'arbitrage d'Advocats du Parlement, auquel on ne voulut acquiescer, sur l'instance rapportée en la grand^e Chambre par feu Monsieur de Neufville, & par Arrest donné en 1612. ou 13. ordonné qu'il seroit informé par turbes sur le faict d'usage articulé par lesdits heritiers maternels, qui ne peurent autrement s'échapper. L'Arrest n'a esté levé ny executé, & s'il l'eust esté, lesdits maternels eussent perdu leur cause, car l'usage est dans le Pays conforme au droict commun. *L. fidei-commissum §. tractatum. ff. de judic.* J'avois escrit au procés & esté de l'arbitrage.

CXLVIII.

Ledit aisné a option de delaisser les meubles, & accepter les autres advantages a luy donnés par la Coustume : & en ce cas n'est tenu de payer les debtes, obseques & funerailles dudit defunct, mais il est tenu de payer les rachapts.

CXLIX.

Et quant aux debtes immobiliares, l'aisné noble n'est tenu d'en payer pour raison de sondit preciput, plus grande portion que les puisnés : bien est tenu de payer les charges foncieres & réelles, desquelles est chargé l'heritage qu'il prend pour preciput à la raison & concurence de la portion qu'il en tient.

CL.

En succession noble où n'y a que filles, se depart également la succession entre elles, sans aucune prerogative & advantage, fors quant au droict de choisir l'un des lots & portion de partage, lequel droict appartient à l'aisnée & ses representans, & après elle aux puisnées, de degré en degré selon leurs aages.

Id est, que tous les puisnez ensemble, & sic, est tenu pour la moitié, car il succede en la moitié de tous les immeubles sans distinction de fief ou de roture, outre son préciput, lequel est exempt de toutes debtes fors des réelles. Sed quid, des debtes mobiliaires ? Car la Coustume n'en parle point. Par ratio, & les doit payer pour moitié, quand il prend la moitié du bien, outre son préciput, & pour les deux tiers quand ils prend les deux tiers, comme en l'article cxlv. Ainsi jugé en ladite Coustume, par Arrest du 7. Septembre 1607. entre les Sieurs de la Pelonniere & des Mothais, au rapport de Monsieur Catinal, très-digne Conseiller, qui est du mesme Pays.

CLI.

Entre nobles & roturiers representation a lieu infiniment, tant en ligne directe que collaterale : & succedent les descendans ou collateraux du defunct, estans entre eux en pareil ou inégal degré par souches, & non par testes.

Etiamsi sint in æquali gradu, quia sic est in linea directa virtute repræsentationis, §. cum filius instit. de hæred. quando ab intest def. Ergo idem in collaterali per hanc consuetudinem, quæ utramque lineam in hoc æquiparat. C. M. Suivant cette Doctrine de Du Moulin, l'usage est de partager en la subdivision des souches, comme en directe, par la fiction de la representation, laquelle *tantùm operatur in casu ficto tanquam veritas in casu vero.* Et ainsi aux successions collaterales, bien qu'il n'y ait point de préciput ny droict d'aisnesse en cette Coustume, neantmoins en la subdivision *per stirpes*, l'aisné de sa branche & souche y prétend préciput, comme si on partageoit la succession directe de celui qu'on represente. Et de ce feu Messieurs Choart & Choppin m'ont appris, & avoient toujours en la bouche sur ce sujet deux Arrests en la Coustume d'Anjou, pareille *in eo* à celle cy, prononcez en robbes rouges, l'un du 17. May 1537. au profit d'un nommé Jourdan; l'autre du 18. Juin 1587. entre René Baugy d'une part, & Catherine Baugy d'autre, auquel dernier procès ledit sieur Choart avoit escrit. Et suivant ces Arrests fut par leur advis, & de plusieurs autres anciens du Palais, jugé à mon rapport, vu procès de consequence envoyé par les Juges de Bellesme, pour la succession de feu Monsieur Maistre Jacques Brisard, vivant Doyen de Messieurs les Conseillers d'Eglise du Parlement, entre les enfans de feu Thomas Brisard, vivant Escuyer sieur de la Guimondiere, frere d'iceluy defunct, lesquels avoient partagé avec Monsieur Maistre Charles Brisard leur oncle, aussi Conseiller en la Cour, les propres situez au Perche, (à l'égard de ce dont n'avoit point esté disposé) sans prérogative d'aisnesse. Mais entre eux & en la subdivision de leur souche, l'aisné y prétendit la moitié comme en directe, & lui fut adjugée par l'advis de ces venerables Oracles, sur lequel fut rendu la Sentence, dont on n'osa appeller, à cause de la reputation des Juges, feu Messieurs Chauvelin & Aubert qui estoient du nombre, contredisans neantmoins. Et depuis encore par arbitrage des mesmes consultans aussi à mon rapport, fut décidé pareil different pour la succession de Lormarin, entre defunct Maistre Jacques de Tacher, vivant Escuyer Procureur du Roy à Bellesme, & consorts d'une part, & Damoiselle Felice le Rayer, comme garde de la fille unique de feu Salomon de la Bretonniere, vivant aussi Escuyer, & d'elle. L'on avoit produit au procès des enfans dudit sieur de la Guimondiere un Arrest donné en cas pareil en la mesme Coustume du Perche, pour la maison de Thorouvre du 3. Mars 1583. sur un appel du Bailly de Chartres, qui avoit jugé conformément à ce que dessus, par Sentence contradictoire, laquelle estoit pareillement produite, mais ledit Arrest est par acquiescement: toutesfois la Sentence fait mention d'un autre Arrest contradictoire de l'an 1553. (si je ne me trompe) pour la mesme maison de Thorouvre. Honneur & veneration à la memoire de ces grands personnages, qui n'empesche pas neantmoins de dire, que certes il y a de grandes repugnances à ceste Doctrine. Ce qui merite un plus long discours & serieuse meditation.

CLII.

Les heritages suivent l'estoc & ligne dont ils sont venus, c'est à sçavoir que les heritages propres procedans de l'estoc & ligne paternelle, retournent aux heritiers du defunct ses parens & lignagiers du costé paternel : & ceux procedans de l'estoc & ligne maternelle, retournent aux heritiers, parents & lignagiers dudit defunct du costé maternel, encores qu'ils soient en plus lointain degré.

CLIII.

Les freres de pere ou de mere, excluent le frere ou sœur conjoints de pere ou mere seulement, quant aux meubles & acquests immeubles. Mais quant aux propres, chacun desdits freres & sœurs (encores qu'il ne soit conjoint que d'un costé) succede en ce qui procede de son estoc, qui est ce que l'on dit communément, *Paterna paternis, materna maternis.*

(*excluent le frere ou sœur*) Ceste Coustume semble restraindre le privilege du double lien entre les freres & sœurs seulemens, car elle ne parle que d'eux : neanmoins y ayant une representation infinie, elle se doit estendre. *An inter ascendentes locum habeat duplex vinculum*, la cause en fut plaidée & appointée au Conseil en la Coustume de Chartres, le dernier Juillet 1607. Monsieur Dolait plaidant contre moy.

CLIV.

En succession collaterale entre nobles, l'aisné ayant

pris son preciput advantage, tel que par la Coustume
luy appartient, ne prend riens en la succession de ses
puisné, ou puisnés, en ce que lesdits puisnés auroient
eu à tiltre successif, & qui leur auroit esté baillé en
partage par leurdit aisné : mais vient telle succession
desdits puisné ou puisnés aux autres puisnés survivants,
ou leurs representans. Toutesfo s les femelles n'y succedent quant aux heritages tenus à foy & hommage
ainsi appartenans au defunct de son propre, quand il y
a puisné ou puisnez masles. Et où il n'y auroit aucuns
puisnez masles, en ce cas ledit aisné est preferé aux femelles, quant ausdites choses tenuës à foy & hommage,
estans du propre du defunct. Et au regard des heritages acquis par ledit defunct, & autres biens à luy ap-
partenants d'ailleurs que par partages faits avec sondit
aisné, iceluy aisné y succede également avec les puisnez,
soient fils ou filles.

(*Tel que par la Coustume*) *scil.* En la directe de pere, mere, ou autres ascendans ; car en succession collaterale cette coustume ne reçoit point aucune
visnesse, suivant l'article cy-après clxiv.

(*Et où il n'y auroit*) Si ce n'estoit qu'elles representassent un frere, comme
en l'article clvij.

C L V.

Quand aucun va de vie à trespas sans hoirs de sa chair, les
freres & sœurs & autres collateraux de degré en degré,
luy succedent quant aux heritages propres : & quant aux
meubles & acquests immeubles dudit defunct, le pere
ou mere, ayeul, ayeule, selon leur ordre y succedent.

(*& acquests immeubles*) Icy les meubles & acquests laissez aux pere & mere
& ascendans purement & simplement, sans faire mention de payer les debtes,
parlant *casus obmissus qui haberi debet pro obmisso & remanet in juris communis
dispositione.* Voyez l'apostille sur l'article cxlvij.

C L V I.

Toutesfois si pere, mere, ayeul, ayeule, avoient donné à leurs enfans aucun heritage pour leur estre propre, & lesdits enfans decedassent sans hoirs de leur chair,

ledit donateur succedera audit heritage, comme estant propre conventionnel, & non naturel.

CLVII.

En succession collaterale, soit noble ou roturiere, les masles excluent les femelles és heritages propres du defunct, tenus en foy & hommage, sinon que lesdites femelles representassent l'hoir masle : auquel cas elles prennent telle part esdits heritages qu'eust fait ledit hoir masle. Et quant aux autres heritages dudit defunct, encores qu'ils fussent feodaux (estans lesdits feodaux par luy acquis) les femelles y succedent également avec les masles.

(*auquel cas*) Ou que l'on partageast entre les enfans d'une souche, car ainsi succederoit on *tanquàm in directa*, *ut sup.* article clj & prendroient les filles en la subdivision d'icelle souche pareille part és propres feodaux, qu'elles feroient en succession directe, s'il est vrai que la representation aye tant de force en cette Constume.

CLVIII.

Entre roturiers, il n'y a aucun advantage à l'aisné, fors que la principale maison manable, tenuë en foy & homage luy appartient, avec l'issuë d'icelle maison pour y aller par l'estrage à pied, à cheval & par charroy. Aussi luy appartient demy arpent de terre descouverte à son choix & option, au plus près de ladite maison hors l'estrage. Et où il n'y auroit maison, luy appartient pour son droict de preciput & aisnesse demy arpent à descouvert, en tel lieu qu'il le voudra choisir.

Estrage ou Estraige signifie Encos.
Voyez l'Apostile sur les articles lix. & lx.

CLIX.

Et est tenu ledit aisné prenant ledit preciput, faire & porter la foy & hommage, pour luy & pour ses puisnés. Et où il n'y aura foy & hommage à porter, ledit preciput n'aura lieu.

CLX.

En succession , tant noble que roturiere, & tant directe que collaterale , l'aisné est tenu bailler par declaration les biens immeubles qui sont à partager entre luy & ses puisnés , & se fait le partage en la maniere qui s'ensuit.

CLXI.

Entre nobles en succession directe , tous les puisnés ensemble font deux lots, & l'aisné choisit.

CLXII.

Et en toutes autres successions & partages, le plus jeune fait les lots, & l'aisné choisit : & aprés l'aisné les puisnés selon leur aage & antiquité. Et precedent les masles la femelle à choisir , encores que ladite femelle fust aisnée , laquelle pour faire ledit partage est tousjours estimée puisnée, desorte que encores qu'elle soit la plus aagée , est tenuë & chargée de faire les lots & partages. Et s'il y a plusieurs filles , la plus jeune d'icelles doit faire lesdits lots & partages.

CLXIII.

Entre nobles en succession directe , l'aisné fait les fruicts siens, jusques à ce qu'il soit sommé & requis par les puisnez de leur bailler partage.

CLXIV.

Si l'aisné noble va de vie à trespas , soit auparavant partage fait avec ses puisnés , ou aprés , la succession dudit aisné se partage entre lesdits puisnés , sans aucun preciput & advantage d'aisnesse entre eux.

(*d'aisnesse entr'eux*) Ergò point d'aisnesse en succession collaterale en cette Coustume. Mais il semble que cet article defere la succession de l'aisné decedé sans enfans aux puisnez seulement, sans faire mention des femelles : *Sed falsum* , & prend éclaircissement par l'article cy dessus clix. à l'exclusion neantmoins des propres feodaux, fors és cas cy-dessus pour les femelles.

CLXV.

Religieux & Religieuses profez ne succedent à leurs parens , ni le Convent & Monastere pour eux , soit que la succession fust escheuë auparavant la profession, ou depuis.

TITRE NEUVIE'ME.

DE GARDIENS ET TUTEURS.

CLXVI.

PAr ladite Couſtume , la garde des enfans mineurs eſt deferée au pere, mere, ayeul, ou ayeule & autres aſcendans : en preferant le pere à l'ayeule , & en degré pareil les ayeules paternels aux maternels.

CLXVII.

Et ne ſont tenus leſdits pere, mere, ayeul , ayeule & autres aſcendans accepter ladite garde , ſi bon ne leur ſemble : & s'ils la veulent accepter, ſont tenus ce faire dedans quarante jours après le decez du decedé, & en faire declaration pardevant le Juge ordinaire du haut Juſticier.

(*& en faire déclaration*) Le tems paſſé n'y ſont plus recevables , & peuvent les mineurs demander compte comme à leurs tuteurs, ſi bon leur ſemble , ſinon aggréer l'acceptation de leur garde faite hors le tems de couſtume. A quoy il faut prendre garde. Car l'obligation devant eſtre réciproque , il ſemble que comme l'acceptation faite hors le tems eſt nulle, & ne lie point les mineurs, elle ne peut pareillement obliger ceux qui acceptent après le tems , comme acte nul de ſoy. Néantmoins jugé au contraire en cette Couſtume , & que l'acceptation de la garde faite après les quarante jours tient à l'égard de ceux qui l'ont faite, pour le profit & utilité des mineurs. Le feu ſieur du Pleſſis Dancé ayant été tué au ſiége de Mirebeau pour le ſervice du Roy en 1591. Marie de Rohard Damoiſelle ſa veuve accepte en Juſtice à Belleſme la garde noble des enfans iſſus dudit défunct & d'elle le 45. jour après le décés, qui ſont cinq jours après le tems de la Couſtume, & ſe gere depuis diverſement, ſoit comme garde noble, ſoit comme tutrice naturelle de ſes enfans , juſqu'au tems de ſon ſecond mariage, par le moyen duquel elle perdit ladite garde. Depuis étant pourſuivie avec ſon ſecond mary pour la reddition de compte des enfans de ſon premier lict , elle fait recette pour les années même de ſa viduité , des fruicts des immeubles , & tient dépenſe de toutes les debtes mobiliaires & perſonnelles qu'elle avoit acquittées , tout ainſi que ſi elle euſt eſté tutrice. Les oyans compte ſouſtiennent qu'elle a accepté leur garde, par conſequent tenuë de les décharger de toutes debtes mobiliaires & perſonnelles, & qu'encores qu'elle aye fait l'acceptation hors le tems, néantmoins est tenuë de son fait, dont elle ne se peut départir. Elle au contraire soûtient la nullité d'icelle acceptation, laquelle ne pouvant valoir à l'égard de ses enfans, ne peut avoir effet contre elle, joint qu'elle même l'a ainsi reconnu, s'étant gouvernée en toutes les affaires, plus en qualité de tutrice, que de garde. Néantmoins par Arrest au rapport de Monsieur le Camus de Pontcarré, très-digne Conseiller, après longue contestation, le procès ayant été party, & depuis départi en la seconde Chambre, Monsieur Perrot Compartiteur, le 19 Avril 1614, fut dit que les chapitres de recette seroient déchargez des fruicts des immeubles jusques au tems du second mariage, ensemble de la moitié des meubles qui furent adjugez à la mere, & en consequence de ce, la dépense de toutes les debtes mobiliaires & personnelles rayée du compte, en quoy faisant l'acceptation de la garde faite hors le tems fut confirmée contre la mere. J'avois écrit au procès pour elle. Monsieur Pithou le tient ainsi sur la Coûtume de Champagne. Voyez l'Arrest cité sur l'article civ cy-dessus.

(*du haut Justicier.*) Quid si elle n'est faite pardevant le Juge ordinaire, est-elle nulle pour cela ? Par exemple un subject d'un haut Justicier vient faire son acceptation pardevant le Juge Royal, ou un non noble pardevant le Bailly, & non pardevant le Vicomte, qui est le Juge ordinaire : je serois grand doute que telle acceptation fut valable à l'égard des mineurs, à l'éxemple des insinuations, & exploits en retraict lignagier ; car c'est une solennité requise par la Coûtume, *quæ pro forma est.* J'en ai veu un procès pour la veuve du Contrôleur Fromentin, qui avoit fait sa déclaration au siége du Bailliage à Mortagne, & non du Vicomte, qui est le Juge ordinaire de la ville & des habitans, autres que Gentils hommes : mais il fut accordé volontairement, & n'y eut point d'Arrest contradictoire.

CLXVIII.

Si la mere, ayeule, ou bisayeule ayant accepté ladite garde se remarie, elle la perd : mais le pere, ayeul, ou bisayeul se remarians, ne la perdent.

CLXIX.

Le gardien doit poursuivir toutes & chacunes les actions personnelles, réelles & mixtes, tout ainsi que pourroit le tuteur & curateur.

CLXX.

Le gardien fait les fruicts siens des heritages appartenans aux mineurs, à la charge de les nourrir, alimenter & entretenir selon leur estat & condition, tenir lesdits heritages en bonne reparation, & les acquitter de toutes debtes, & des charges annuelles. Qui est ce que l'on dit communement, *Qui garde prend, quitte la rend.*

CLXXI.

(*& des charges annuelles.*) La faute survenuë aux premieres impressions, sur les termes de cet article, a ruiné plusieurs familles en procès, lesquels n'eussent esté jamais intentez, si les termes eussent esté fidelement imprimez, ou que l'on se fust advisé de faire compulser l'article sur l'original, qui est au Greffe de la Cour. Car l'impression porte, *& les acquitter de toutes debtes & charges annuelles :* de façon que l'on a voulu subtiliser, & dire que cette obligation n'alloit qu'au courant des rentes & charges annuelles, & non des debtes mobiliaires & personnelles, & estoit l'une des contestations au procés dont a esté parlé cy-dessus en l'article clxix. d'entre la veuve & les enfans du feu sieur du Plessis Dancé. Contestation telle & si vivement soutenuë entre autres parties, au procés d'entre le tuteur des enfans de feu Maistre Richard Labbé, Vicomte du Perche, & sa veuve rematiée à

de Soulmont Escuyer, pour sçavoir qui estoit tenu ou dudit tuteur, ou de la veuve qui avoit accepté la garde noble de ses enfans, de rendre un compte de la tutelle qu'avoit eu ledit défunct Labbé de Messieurs de Saint Germain & Chanceaux, pour lesquels j'avois plaidé, le tuteur soutenant que la veuve estoit tenuë de toutes les debtes, entre lesquelles estoit cette reddition de compte, & elle au contraire ne pouvoit estre poursuivie que pour le courant des rentes & charges annuelles. Que sur l'obscurité des termes de cet article, comme il estoit imprimé, intervint Arrest au rapport de feu Monsieur la Voix, très-sçavant Senateur, par lequel fut dit qu'il seroit informé par turbes sur l'usage. Et de fait, il vint lui mesme peu auparavant sa mort dans le pays faire les enquestes és villes & sièges de Bellesme & Mortagne, dont tous les Officiers, premiers & principaux Advocats ayans esté recusez, fallut faire venir à Bellesme ceux de Nogent, & à Mortagne ceux des Bourgs & Justices subalternes, & s'y trouva plus de confusion & d'obscurité qu'auparavant. Néantmoins les enquestes ayant esté rapportées en la Cour, le procés fut veu depuis la mort dudit sieur le Voix, au rapport de feu Monsieur Gillot, autre lumiere de science & par Arrest du

jugé que le gardien estoit tenu de toutes debtes mobiliaires & personnelles, & ordonné que l'Arrest seroit leu & publié aux sièges de Bellesme & Mortagne, pour y servir de loy. Ce qui a esté fait. Et si on eust eu recours aux originaux de la Coustume, il n'y eust point eu de procés, car ils portent que le gardien est tenu de nourrir, alimenter & entretenir les mineurs selon leur estat & condition, &c. *& les acquitter de toutes debtes & des charges annuelles,* laquelle particule *des,* & la virgule precedente, qui font la décision, ont esté obmis aux impressions.

CLXXI.

Le gardien doit faire inventaire des biens meubles de son mineur, par authorité du Juge du lieu, appellé le Procureur du Roy ou de la seigneurie. Et peut s'aider des deniers & meubles qui pour user ne se degastent ou deperissent; & la garde finie, doit rendre audit mineur lesdits meubles selon ledit inventaire, tels qu'il les a prins.

(*Et peut s'aider*) Ergò semble que cette Coustume ne desire plus grande solemnité pour la confection d'inventaire.

Voyez l'article cvj. cy-dessus.

CLXXII.

La garde, quant aux mafles, finit en l'aage de vingt ans : & quant aux femelles, en l'aage de feize ans. Mais fi avant ledit temps font mariées, ladite garde finit par leur mariage, & ledit temps finy, ont l'adminiftration de leurs biens : mais ne peuvent aliener ou hypothequer leurs immeubles, qu'ils n'ayent vingt-cinq ans paffez.

(*fçais fi avant*) J'ai veu douter fi cefte Couftume ne parlant que du temps auquel la garde finit, n'y comprend pas auffi le temps de la tutelle. Et bien qu'il y ait grande diverfité de l'un à l'autre, neanmoins fur la queftion de fçavoir fi le mineur ne fortoit pas de tutelle en cefte Couftume à vingt ans pour les mafles, & à feize ans pour les filles, à l'effect d'avoir l'adminiftration de leur bien, la caufe ayant efté communiquée au Parquet de Meffieurs les Gens du Roy, entre Maiftre François Courtin Lieutenant General de la Vicomté à Bellefme, & l'une de fes niepces, Veu cet article de Couftume, Monfieur l'Advocat general le Bret fut d'advis que n'y ayant point de difpofition contraire en ladite Couftume, il s'entendoit de la tutelle, à l'effect feulement de l'adminiftration des biens, auffi bien que de la garde ; mais il n'y a point eu d'Arreft, qui foit venu à ma connoiffance.

CLXXIII.

Gens mariez font ufans de leurs droicts, encores qu'ils foient mineurs d'ans : mais ne peuvent vendre ni aliener leurs heritages, finon qu'ils ayent vingt-cinq ans paffez, comme dit eft.

CLXXIV.

Ou le gardien feroit diffipateur de biens, doit eftre privé de la garde : & où les parents du mineur ne feroient leur devoir de l'en faire priver, le Procureur du Roy ou de la Seignerie en doit faire la pourfuite.

CLXXV.

Si le gardien ne veut accepter ladite garde, ou decede avant qu'elle foit finie, fera pourveu de tuteur & curateur aux mineurs par le Juge ordinaire du haut Jufticier, à la nomination des parens, voifins & amis paternels & maternels de chacun cofté également, jufques au nombre de huit fi faire fe peut.

CLXXVI.

Ledit tuteur ou curateur ne fait les fruicts fiens : ains

est tenu faire inventaire des meubles, & rendre compte & reliqua des fruicts & revenus desdits mineurs, ladite administration finie.

TITRE DIXIE'ME.

DE RETRAICTS LIGNAGIERS ET FEODAUX.

CLXXVII.

QUand l'heritage propre est vendu ou aliené à prix d'argent ou chose equipolente, les parens du costé & ligne du vendeur le peuvent avoir & retirer dedans l'an & jour du contract par retraict lignagier, en remboursant l'acquereur du prix & loyaux cousts. Et suffit que l'adjournement soit baillé dedans l'an & jour, encores que l'assignation échée hors ledit temps.

CLXXVIII.

Et à la premiere assignation, faut que le retrayant offre deniers à descouvert, & à parfaire : autrement & à faute de ce faire, déchet dudit retraict.

(*faut que le retrayant*) L'on a douté si l'exploict ou adjournement devoit pas estre pris pour premiere assignation, & partant contenir les offres, & à faute de ce, le lignagier decheu. Par Arrest au rapport de Monsieur Gillot, contre son advis & de plusieurs de Messieurs, le 14. Aoust 1617. entre René Gravelle d'une part, & Maistre François Bry Lieutenant particulier du Perche, & Damoiselle Marie de Fourier sa femme, d'autre, jugé que non, & que la premiere assignation est le premier acte qui s'expedie pardevant le Juge au rapport de ladite assignation, sans despens.

(*à descouvert*,) Par Sentence du Prévost de Paris, un lignagier lequel par son exploict & offres avoit offert argent à descouvert en pieces de seize sols, sans user du mot de *deniers*, dont parle la Coustume, fut débouté. Dont y ayant eu appel par Arrest d'Audience du 9. Avril 1611. plaidans Messieurs Dolet & Feideau, l'appellation & ce, mise au neant, fut le retraict adjugé audit lignagier.

CLXXIX.

Et après l'adjudication du retraict ou reconnoissance d'iceluy, & que l'acquereur aura exhibé ses lettres & mis au greffe, & affermé le prix de l'acquisition, doit ledit retrayant dedans les vingt-quatre heures rembourser le prix de ladite acquisition, & tout ce qui est liquidé par ledit contract, & les loyaux cousts dedans vingt-quatre heures après liquidation faite d'iceux : autrement & à faute de ce faire dedans ledit temps, dechet & doit estre debouté dudit retraict.

(*rembourser le prix*) Par Arrest du Lundi 8. Mars 1610, sous Monsieur le President Forget, jugé que les vingt-quatre heures ne couroient qu'après la prononciation aux parties, ou signification à leurs personnes ou domiciles, & ordonné que l'Arrest seroit publié, Messieurs de la Marteliere & de Lamet plaidans.

CLXXX.

Le plus prochain lignagier du vendeur est preferé au plus loingtain lignagier, venant au retraict dedans an & jour, encores que ledit plus loingtain l'eust prevenu, & que le retraict eust esté executé à son profit. Aussi si la vendition avoit esté faite à un lignagier, celuy qui seroit plus prochain du vendeur du costé & ligne, dont ledit heritage est procedé, le peut avoir par retraict dedans ledit temps sur ledit acheteur.

CLXXXI.

En concurence de lignagiers estans en pareil degré venans au retraict, celui qui premier aura fait donner l'adjournement en retraict sera preferé, pourveu que les adjournemens ne soient de mesme jour. Et où deux ou plusieurs auroient fait donner adjournement de mesme jour, en ce cas l'aisné sera preferé au puisné, & le masle à la femelle.

CLXXXII.

L'an & jour du retraict commence à courir du jour du contract passé pardevant Notaires ou Tabellion. Toutesfois si par ledit contract y avoit grace & faculté de racheter dedans certain temps, ledit an & jour

commence à courir feulement du jour que ladite grace
eft expirée : mais fi plus-toft les lignagiers veulent venir audit retraict, faire le pourront, à la charge de ladite grace.

CLXXXIII.

L'heritage de l'acqueft du vendeur ne tombe en retraict, finon que ledit vendeur l'euft acquis de fon parent qui le tenoit en ligne. Auquel cas le revendant à
perfonne eftrange , tombe en retraict aux parens lignagiers de ladite ligne.

(*de ladite ligne*,) *Quid* des acquefts d'un défunct vendus fur le curateur
aux biens vaquans de fa fucceffion ? ou heritier par benefice d'inventaire ?
ou fur un curateur à la chofe abandonnée ? On fuit la difpofition de la
Couftume de Paris. Arreft du 16. Juillet 1604. en la Couftume de Chartres.

CLXXXIV.

Le Seigneur feodal peut dedans l'an & jour que fon
vaffal luy aura exhibé le contract d'acquifition, par luy
faite en fon fief, avoir & retirer par retraict feodal l'heritage acquis par fondit vaffal, tenu de luy en fief ou
rente infeodée, en rembourfant par luy le prix &
loyaux coufts dedans le temps, & en la maniere qu'il
eft dit cy-devant au retraict lignagier, pourveu que
ladite exhibition ait efté faite dedans les dix ans, après
lequel temps n'eft recevable audit retraict, foit que le
contract luy ait été exhibé dedans iceluy temps , ou
non : pourveu auffi qu'il n'ait efté payé du rachapt &
droicts feigneuriaux deubs à caufe de ladite acquifition,
ou que pour raifon d'iceux il n'euft fait fpecialement
& expreffement faifir fon vaffal.

(*en rembourfant*) Donc en cefte Couftume les heritages tenus à rente infeodée equipollent aux feodaux : car les cenfuels & roturiers ne font point
fubjects au retraict feodal par l'article cciv.

CLXXXV.

Le Seigneur feodal encores qu'il n'ait juftice en fon
fief, a ledit droict de retraict feodal.

CLXXXVI.

Les lignagiers sont preferés en retraict au Seigneur feodal, y venans dedans l'an & jour dudit contract.

CLXXXVII.

Retraict n'a lieu en donation, soit simple ou remuneratoire, eschange, bail à rente perpetuelle purs & simples, pourveu qu'il n'y ait fraude.

CLXXXVIII.

L'eschange est reputé frauduleux, quand celuy qui a eschangé se trouve possesseur dedans l'an & jour des choses changées & contrechangées. Et pareillement le bail à rente est reputé frauduleux, quand le preneur de l'heritage rachete laditte rente dedans l'an & jour.

CLXXXIX.

L'heritage acquis par eschange fait à l'heritage propre, est subrogé au lieu dudit heritage propre, & quand il est vendu, tombe en retraict.

CXC.

Quand en eschange il y a soulte de deniers, si la chose baillée avec lesdits deniers, excede la somme desdits deniers, tel contract est estimé eschange, & n'y a retraict : mais si ladite somme excede la chose baillée, est tel contract reputé vendition, & y a retraict, & est recevable le retrayant audit retraict, en remboursant le vray prix & estimation de la chose.

CXCI.

Si le propre heritage est baillé à rente, avec faculté de la racheter, ledit heritage est subject à retraict, pourveu que les retrayans viennent au retraict dedans l'an du contract, ou ladite faculté de rachapt seroit perpetuelle : & où elle seroit à temps, y venans dedans l'an & jour après ladite faculté expirée.

CXCII.

L'adjournement en retraict se doit faire à personne ou domicile de l'acquereur : & s'il n'a domicile au pays subject aux Coustumes du Perche, suffit de le faire appeller sur le lieu acquis, & signifier l'adjournement au fermier ou detenteur d'iceluy, s'aucun en y a, sinon à deux des voisins d'iceluy lieu.

CXCIII.

L'action de retraict lignagier se peut intenter tant pardevant le Juge du lieu, où la chose est assise, que pardevant le Juge ordinaire du domicile de l'acquereur.

CXCIV.

L'acquereur pendant le procès en retraict, doit joüir de l'heritage par luy acquis, & en user comme bon pere de famille : mais s'il dechet du retraict, doit rendre & restituer les fruicts, dès & depuis contestation en cause encores qu'il n'y ait consignation réelle. Et où il y auroit eu consignation réelle, doit restituer lesdits fruicts dès & depuis ladite consignation, encores qu'elle fust precedente la contestation.

CXCV.

L'acquereur ne peut dedans l'an & jour du retraict demolir, deteriorer, changer, ou invertir l'édifice ou heritage subject à retraict : & où il auroit fait quelques impenses pour l'entretenement ou melioration dudit édifice ou heritage, ne les peut demander, sinon que telles impenses fussent necessaires, ou qu'il les eust faites par authorité de justice.

(*qu'il les eust faites*) *Ergò* il semble par ceste alternative, que les reparations necessaires se puissent faire sans auctorité de justice. Ce que je n'estime pas à cause des procès & consequences qui en peuvent arriver.

CXCVI.

Si l'acquereur d'heritage subject à retraict, le vend ou autrement l'aliene dedans l'an & jour qu'il est subject à retraict, à plus grand prix qu'il ne l'auroit acquis, le lignagier le peut avoir & retraire dedans l'an & jour de la premiere acquisition en remboursant le prix & les loyaux cousts d'icelle.

CXCVII.

Quand aucun esteint & amortit quelque rente ou preftation annuelle, de laquelle fon heritage eftoit chargé, telle rente n'eft fubjecte à retraict.

CXCVIII.

Si l'acquereur depuis l'adjournement à luy baillé en retraict tranfporte l'heritage à perfonne privilegiée, ou autre, eft tenu faire comparoir en jugement celuy auquel il a fait le tranfport, lequel ne peut decliner la jurifdiction fous couleur de privilege ou autrement. Et où ledit cedant ne fera comparoir le ceffionnaire, fera neantmoins procedé contre ledit cedant, & le jugement donné contre luy fera executé contre ledit ceffionnaire, pour le regard de l'heritage adjugé par retraict.

Ny auffi à lots & ventes. Arreft du dernier Février 1586 au profit de feu Monfieur Marion, lequel ayant acquis un droict de chaffe qu'un Seigneur avoit en fa Foreft de Druy, fut déchargé des lots & ventes de cefte acquifition envers l'Evefque de Nevers, Seigneur fuzerain, qui les prétendoit. *Quid* fi l'hypotheque des créanciers demeure, parce que ce font droicts réels & immobiliaires, fufceptibles d'hypotheques. Par Arreft rendu en la Chambre de l'Edict, au rapport de Monfieur Saugnin, de la 1. le 18. Sept. 1618. jugé que non, un particulier ayant acquis du fieur de Lanfac certain droict d'agriete de vins, dont fes vignes eftoient chargées vers ledit fieur de Lanfac, eft affigné à la requefte de fes créanciers, & de Fuzelier leur Syndic, en declaration d'hypotheque. Il fouftient avoir peu défcharger fes heritages, ainfi jugé, & qu'il n'y avoit lieu à l'action, les parties Daniel du Menjou, Fuzelier. De même jugé au rapport de Monfieur Paftoureau, le 15. Février précedent, le procés ayant efté party, *confuetis claffibus,* au profit du preneur d'un heritage à rente, qui avoit efté receu à la racheter, & depuis le rachapt eftoit pourfuivi en déclaration d'ypotheque par les créanciers, lefquels furent jugez non recevables. Voici neantmoins ce qui depuis eft arrivé en un procés où j'avois efcrit. Le Sieur des Feugerets eftant proprietaire pour moitié du Moulin de Courtreftoft, chargé d'une rente de 48. minots de bled par chacun an, vers les nommez les Chaftains, acquiert d'eux icelle rente par contract d'achapt pur & fimple, fans parler d'extinction ny amortiffement, & fix fepmaines aprés eft fait Seigneur de l'autre moitié d'icelay Moulin, duquel il jouit dixneuf ans entiers, croyant avoir efteint & confus ladite rente, par la Loy, 1. ff. *quemad fervit. amit.* Toutesfois eftant affigné hypothequairement par les créanciers defdits Chaftains qui lui avoient vendu ladite rente, par Arreft du 19. Juin 1611. a efté condamné de payer ou déguerpir, fans défpens, au rapport de Monfieur de la Vau en la grand' Chambre. J'ay voulu fçavoir le motif de l'Arreft: mais Monfieur le Rapporteur dit que la Cour n'avoit point jugé de queftion, & s'eftoit arreftée à quelques particularitez du faict. Parties Boiffeau & Gallois d'une part, & ledit fieur des Feugerets, d'autre.

CXCIX.

CXCIX.

Et où auparavant ledit adjournement ledit acquereur l'auroit transporté, le doit declarer à la premiere assignation : & en ce faisant demeure deschargé : & l'adjournement à luy baillé interrompt la prescription annuelle contre celuy auquel il l'auroit transporté, & tous autres cessionaires.

CC.

Quand deux conjoints par mariage ont acquis heritage, estant de la ligne de l'un desdits deux conjoints, la moitié appartenant à celuy desdits deux conjoints qui n'est lignagier, tombe en retraict dedans l'an & jour du trespas de l'un d'iceux conjoints. Et se peut retirer par les lignagiers, en remboursant la moitié du prix & des loyaux cousts de l'acquest, pourveu qu'il n'y ait enfans dudit mariage, ausquels ladite moitié subjecte à retraict puisse tomber.

CCI.

L'heritage retiré par puissance de fief par deux conjoints par mariage, après le trespas de l'un d'eux doit retourner à celuy à qui le fief appartient, en remboursant par luy la moitié du prix dedans l'an & jour du trespas dudit decedé.

CCII.

L'heritage propre adjugé par decret de justice est subject à retraict dedans l'an & jour de l'adjudication.

CCIII.

Tout heritage venant de succession est reputé propre à l'heritier.

CCIV.

Le cens vendu est subject à retraict, mais la terre censuelle ne se peut retirer par le Seigneur censuel, soit Seigneur haut justicier, ou autre.

TITRE ONZIE'ME.

D'HYPOTHEQUES.

CCV.

CEluy qui a hypotheque generale ou speciale peut s'addresser contre le detenteur de la chose hypothequée, sans discussion prealable contre le debteur personnellement obligé, & est le detenteur tenu payer ou quitter l'heritage obligé. Et n'est tenu le creancier se contenter d'une simple declaration d'hypotheque.

CCVI.

Meuble n'a point de suite, s'il n'est transporté par le conducteur hors de la maison de son locateur, ou que ledit meuble eust esté vendu sans jour & terme, sous esperance d'en estre payé promptement. Auquel cas le vendeur peut poursuivre ledit meuble en quelque lieu qu'il soit transporté, pour estre payé du prix qu'il l'a vendu. Et encores que ledit meuble eust esté pris par execution, le pourra poursuivre jusques à ce qu'il ait esté vendu par authorité de justice.

CCVII.

Quand un tiers detenteur est poursuivy pour raison d'une rente, dont est chargé l'heritage qui luy a esté vendu sans la charge de ladite rente, dont il n'auroit eu cognoissance auparavant ladite poursuite si (sommation faite) son garand luy defaut, peut le tiers detenteur avant contester en cause, renoncer audit heritage, en payant les arrerages encourus de son temps.

TITRE DOUZIE'ME.

DES CRIEES.

CCVIII.

PAr ladite Coustume les criées & subhastations des heritages saisis pour estre vendus & adjugés par decret se font en la forme & maniere qui s'ensuit. A sçavoir que le sergent commis à faire lesdites criées, se doit transporter devant l'Eglise parochiale du lieu où lesdits heritages sont assis : & illec à l'issuë de Messe parochiale à jour de Dimanche par quatre quatorzaines consecutives & continuelles proclamer publiquement , & dire à haute voix , que lesdits heritages ont été saisis à la requête de tel créancier sur tel debteur , à faute de payement , ou autre acquittement , pour estre adjugez par decret au plus offrant & dernier encherisseur.

TITRE TREIZIE'ME.

DE PRESCRIPTIONS.

CCIX.

PRescription de dix ans entre presens , & vingt ans entre absens aagés & non privilegiés , avec titre & bonne foy a lieu : en maniere que celuy qui aura par ledit temps possedé & jouy d'aucun heritage ou autre droict réel, aura iceluy acquis : & pareillement qui par ledit temps aura jouy d'aucun heritage paisiblement & sans inquietation d'aucune rente, aura prescript ladite rente.

C C X.

Quand aucun a esté payé par trois années dernieres & consecutives d'aucune rente ou prestation annuelle, il a acquis possession, au moyen de laquelle il peut intenter complainte pour estre maintenu & gardé en la perception de ladite rente & prestation, si elle luy est déniée.

C C X I.

L'action personnelle & mixte se prescript par trente ans, & l'hypothecaire par quarante ans par le tiers detenteur, encores qu'il n'ait tiltre : & par le detenteur ayant tiltre & bonne foy par dix ou vingt ans, en la maniere que dit est.

C C X I I.

Rente fonciere feodale & seigneuriale ne se prescript par quelque temps que ce soit par le preneur, ou ayant cause : en montrant par le Seigneur le fonds par luy baillé, & faisant apparoir des lettres de bail.

C C X I I I.

Mais rente fonciere non seigneuriale ne feodale se prescrit par quarante ans.

(feodale se prescript) *Disjunctiva conjunctio*, qui fait distinction entre rente Seigneuriale & la feodale ou infeodée en cette Coustume Voyez l'article clxxxiv, qui admet le retraict feodal és heritages tenus à rentes infeodées, sans parler de la Seigneuriale.

C C X I V.

Entre coheritiers & frarachaux prescription n'a lieu par quelque temps que ce soit és choses entre eux communes & indivisées : mais si lesdits coheritiers & frarachaux avoient jouy à part & à divis de leurs parts & portions par l'espace de dix ans, sont reputés avoir fait

partages, encores qu'il n'y en ait riens par escrit : & ne
se pourront inquieter l'un l'autre esdites parts & portions ainsi par eux possedées.

CCXV.

Si le mary a vendu l'heritage de sa femme sans son
consentement, la prescription ne doit courir contre elle
pendant le mariage, mais commence à courir seulement
du jour du deceds de sondit mary, sinon que constant ledit mariage elle fust separée de biens.

TITRE QUATORZIE'ME.

DE SERVITUDES.

CCXVI.

LE voisin ne prescript contre son voisin servitudes de
veuës, goutieres, esgouts de maisons & autres choses semblables, s'il n'y a tiltre ou possession immemoriale au contraire.

CCXVII.

Il est loisible à toutes personnes de faire veuës en sa
maison, pourveu que le regard soit sur soy, & n'y
eust-il du sien qu'un pied de terre. Et où il n'y aura
rien du sien, peut sur son voisin faire fenestre à voir
dormant à sept pieds de haut du rez de terre : mais telle
fenestre n'empesche que le voisin ne puisse bastir sur
son heritage, & offusquer ladite veuë toutes fois &
quantes qu'il luy plaira.

CCXVIII.

Quand entre deux heritages y a haye assise sur fossé,
celuy du costé duquel est le ject dudit fossé, estant le
creux d'iceluy devers le voisin, il est reputé Seigneur

de la haye & du foſſé, s'il n'y avoit tiltre, bornes, ou
poſſeſſions au contraire.

CCXIX.

De toutes prinſes de beſtes faiſans dommage, le preneur ſoit proprietaire ou fermier, ſoit enfant ou ſervi-
teur d'aage competant, ou le voiſin, ſeront creuz par
ſerment, & du dommage juſques à douze deniers tournois. Et n'eſt loiſible à aucunes perſonnes ayans beſtail,
quel qu'il ſoit, de le mener paſturer aux bois taillis,
vignes, prez, aulnois & autres heritages plantés d'arbres fruictiers, ſur peine d'amende arbitraire, & des dé-
pens, dommages & intereſts : deſquels & de la prinſe,
les preneurs ſoient proprietaires, meſtayers, fermiers ou
voiſins ſeront creuz par ſerment, & du dommage, ainſi que dit eſt.

CCXX.

Le voiſin ne peut faire aucun puis, retraicts, foſſes
de cuiſine, ou autres, pour retenir les eauës des mai-
ſons, four ne forges prés un mur moitoyen & commun,
qu'il ne laiſſe ledit mur franc, & un contre-mur de
l'eſpoiſſeur d'un pied, qui doit eſtre fait aux deſpens
de celuy qui s'en voudra aider, & à ſon danger. Et
s'il y a puis à l'un ou à l'autre des deux voiſins, leſdits retraits & foſſes ſeront faits à dix pieds loing
dudit puis, en y faiſant entre deux un contre-mur
de chaulx & ſable, auſſi bas que les fondemens deſſits
retraits & foſſes.

Fin des Couſtumes du Grand Perche, extraictes & imprimées
ſur l'un des Originaux qui eſt entre les mains de Maiſtre
FRANÇOIS BRY, *Conſeiller du Roy, Lieutenant*
audit Bailliage du Perche à Belleſme.

NOUVELLES OBSERVATIONS

SUR LES COUSTUMES DU GRAND PERCHE.

ARTICLE XXXI.

(*En toutes mutations*) Quoique la Coûtume porte en toutes mutations de Vassal, cependant il a été jugé contre la Dame Princesse de Condé, prétendant double droit sur un Fief vendu & retiré, qu'elle ne receveroit que le premier droit, la vente n'ayant sorti effet au moyen de l'Eviction par ledit retrait. Louet p. 562 mais quand la mutation vient de la part du Seigneur, il n'est dû que la foy & hommage & non le rachapt.

ARTICLE XXXII.

(*Assignation aux denteurs du Fief*) Le Seigneur n'est pas obligé d'aller chercher son Vassal à son domicile actuel, mais seulement au lieu du manoir du Fief. Arg. *L. quod nisi* 20 §. 1. *De operis liber.*

ARTICLE XLIV.

(*Le Vassal doit retourner*) Le Seigneur n'est point tenu de recevoir l'aveu & le dénombrement, si le Vassal ne retourne. *Molin Par. Art.* II.

ARTICLE Idem.

(*Demourera la saisie*) Cette saisie n'emporte point perte de fruits, pour ce qui est blâmé & en débat dont il demande la reformation, & bien qu'il puisse faire une nouvelle saisie faute de reformation d'aveu, comme il est jugé dans la Coûtume de Troyes par Arrêt du 24 Janvier 1642 que le Vassal n'ayant pas satisfait aux Sentences portant condamnation de reformer son aveu, le Seigneur pourroit saisir comme s'il n'y en avoit pas eu de baillé, Il ne peut prétendre les fruits de Fief, & principalement quand la reformation n'est point requise par défaut d'expression de domaines, heritages, & charges & devoirs; mais pour n'a-

voir pas exprimé les confrontations modernes & les nouveaux te-
nants & aboutissans, dont le nouveau Vassal peut prétendre cause
d'ignorance : en ce cas le Seigneur ou son Fermier doit rendre les
fruits, après que le Vassal a reformé son aveu.

ARTICLE XCV.

(*Et sera le survivant saisi*) Il n'en est pas de même des Etran-
gers.

ARTICLE C.

(*Ne vaut*) Cette conversation s'entend par des faits notoires
qui vont jusqu'au scandale public.

ARTICLE CVI.

(*Fait solemnellement*) Mr. Bri dans sa Note pag. 19 dit,
que cette Coûtume ne va pas si avant que celle de Paris, cependant un pere ayant fait lui-même son inventaire sans avoir fait
créer un curateur, & l'ayant fait signer par le Juge de Nogent
le Rotrou, Procureur fiscal & Greffier : il fut déclaré nul, &
la continuation de communauté jugée en faveur des enfans du
premier lit, par Arrêt du 21 Mars 1604 Estienne le Fevre & sa
femme appellant & René Boinel intimé.

ARTICLE CX.

(*Mais quant aux* actions *réelles & petitoires*) Le remploy
a été jugé en cette Coûtume, quoiqu'elle n'ait nulle disposition
sur cet Article & qu'il n'en fut rien stipulé, ni par le contrat de
mariage, ni par la vente sur l'appel du Bailly du Perche, Mr.
Bri ; par Arrêt du 21 Mars 1604 entre Estienne le Fevre & sa
femme appellant & René Boinel intimé.

ARTICLE CXXV.

(*Soit qu'ils viennent*) Le Rapport est necessaire suivant l'u-
sage commun de cette Coûtume, même à l'égard des créanciers,
par consequent une seconde femme peut contester aux enfans du
premier lit le douaire, stipulé propre, qui en cette Coûtume n'est
viager que pour la femme, & en cette qualité est sujet à rapport,
comme étant un don & avantage.

ARTICLE CXL.

(*L'Estang & Moulin*) Au singulier en cet Article & au suivant, & non Estangs & Moulins au plurier, comme on l'a observé dans l'Original qui est au Greffe de la Cour ; & néanmoins
l'usage constant au Perche, est que l'ainé prend par préciput
tous les Estangs & Moulins, qui sont à la vûe du manoir.

ARTICLE CLI.

Voyez les Notes de la page 42 & 43 & l'Arrêt du 11 Août
1659 au Journal des Audiences tome 2 liv. 1 chap. 37 qui or-
donne qu'il sera informé par turbes sur l'usage de cet Article
& du 157 pour sçavoir si un neveu fils d'une sœur & une niece
fille d'une autre sœur succedoient également à un Fief delaissé
par leur oncle. Quelques-uns entendent cet Article & le 157 au

cas de repreſentation, & non quand tous les heritiers ſont en
dégré égal, mais l'uſage notoire eſt au contraire en cette Coûtume & aux autres, où la repreſentation a lieu à l'infini en collaterale comme en directe. Du Moulin & ces mots, en pareil ou égal
dégré le montrent évidemment.

ARTICLE CLIV.

(*L'aîné ayant pris ſon préciput avantage*) En ſuivant ces mots
à la lettre, la Coûtume donne à l'aîné le préciput avantage dans
la ſucceſſion collaterale comme en la directe : Mr. Bri dit p. 44 ſur
cet Article, qu'il n'y a aucun droit d'aineſſe dans la ſucceſſion collaterale, & appuye ſon ſentiment ſur l'Arcicle 164, cependant d'autres Juriſconſultes penſent autrement, & appuyent leur opinion ſur
ces mots, *ayant pris ſon préciput avantage*, ſur l'Atticle 151 &
l'Apoſtille de Dumoulin, & diſent que l'aîné prend ſon préciput
comme dans la directe, ſuivant ce dernier ſentiment Meſſieurs
Loiſel, Chopin, Boutillier, Robert, Gerard, Chauvellain, la Mar-
tilliere & Touſſaint Chauvellain, tous illuſtres par leur ſçavoir &
par leurs emplois dans le Barreau, partagerent entr'eux les biens
de Mr. Briſac, Conſeiller d'Egliſe en la ſucceſſion de Mr. de ſaint
Lubin : on jugea que l'aîné ou ſa repreſentation prendroit droit
d'aineſſe. Voyez les Notes de Mr. Bri p. 42 & le Coûtumier general derniere édition.

ARTICLE CLVII.

(*Sinon que les femelles repreſentaſſent l'hoire maſle*) Pluſieurs
Sentences tant des Juges des lieux que des Requêtes du Palais, &
pluſieurs Arrêts de la Cour ont jugé que la femelle iſſuë d'un maſle
qu'elle repreſente, ſoit qu'elle le rencontre en un dégré égal ou inégal, exclud le maſle iſſu d'une fille, quant aux Fiefs. Voyez le Coûtumier general derniere édition. De même il a été jugé par Arrêt
au rapport de Mr. Morand le 26 Juillet 1672 Journal du Palais tom. 1
qu'un frere & des ſœurs venant à la ſucceſſion d'un oncle, qui
laiſſe une ſœur leur tante, ſa donataire, ne partageront point entr'eux les propres feodaux par repreſentation de leur pere, mais
viendront de leur chef à la ſucceſſion, au moyen de quoi le frere
exclura ſes ſœurs des propres feodaux.

ARTICLE CLXVII.

(*Dedans quarante jours*) Si le pere ne laiſſe autres enfans qu'en
poſthume, les quarante jours ne courent que du jour de la naiſ-
ſance, avant laquelle il n'y a point d'enfans ni de garde, dont l'acceptation a un effet retroactif au jour du decès, pour tous les fruits
recueillis ou échus pendant le tems intermediaire.

ARTICLE CLXX.

(*Dettes & charges annuelles*) C'eſt-à-dire mobiliaires & perſonnelles, & non les autres : perſonnelles pour une fois payer, &
arrerages des charges réelles & foncieres, jugé par Arrêt de la
Grand'Chambre au rapport de Mr. Gillot, le 24 Novembre 1611

Cet Arrêt a été lû, publié & enregistré pour servir de loi dans les Sieges de Bellême & Mortagne. Voyez les Notes p. 48 & 49.

ARTICLE CLXXXI.

(*Le gardien doit faire inventaire*) On ne perd pas la garde pour ne pas faire inventaire ; mais ce défaut d'inventaire donne lieu à la continuation de communauté, si bon semble aux enfans de laquelle étoit les fruits, de la garder. Paris Art. 269.

ARTICLE Idem.

(*Par autorité du Juge*) Voyez ce qu'il a été reglé au sujet du Juge de Montigni, & à la Note de la page 29 qui commence par ces mots, *Et tenu pour clos*.

ARTICLE CLXXXII.

(*Du jour du contract*) Il faut qu'il soit passé par-devant Notaire ou Tabellion, & non sous seing privé, quoiqu'il ne soit point ensaisiné ou inféodé comme à Paris ou ailleurs.

ARTICLE CXCIII.

(*Tant pardevant le Juge du lieu*) Voyez là-dessus Mr. Louet Lett. R N. 51 mais la décision de cette loy n'empêche pas que les Privilegiez ne puissent directement faire assigner aux Requêtes du Palais, l'action du retrait lignager n'étant point réelle. *Sed personalis in rem scripta*.

DIXME.

L'usage presque universel de dixmer dans le Grand Perche, est à quatre gerbes par arpent & l'arpent de 100 perches, la gerbe de la grosseur ou circonference de quatre pieds deux pouces. Vers l'an 1715 dispute entre le Curé d'Apponvillier & le Seigneur de la Terre des Touches située dans ladite Paroisse, à ce sujet Après plusieurs contestations intervint une Sentence du Bailly de Bellême, qui regle la Dixme à quatre gerbes par arpent. On a acquiescé à ladite Sentence, qui fait une Regle pour le Pays.

PROCEZ VERBAL

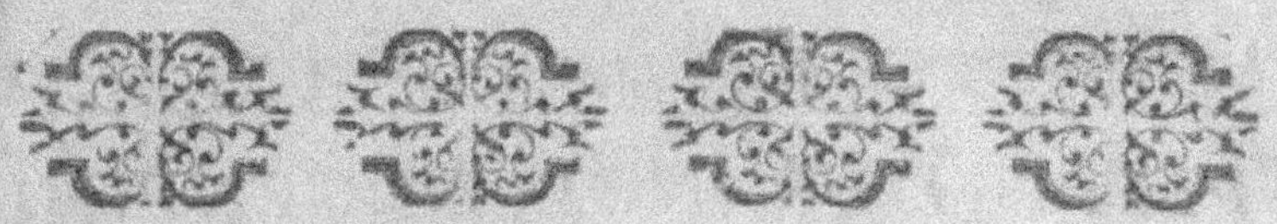

IN LEGES REGIS JUSSU

*Ex non conscriptis moribus Perchigenis
nuper conscriptas, Io. Auratus.*

TRes Parcæ, ternis manibus, tria pensa te-
    nentes,
  Dicuntur leges, fatáque nere Jovis.
Leges quas Violare nefas, cœlóque, maríque,
  Leges quas terris est violare nefas.
At nunc Rex Gallis, tu Juppiter alter in oris
  HENRICE, & magni parva figura Jovis:
Cujus eras similis Regis, Rex facta secutus,
  Legisti parcas tres tibi rite tuas.
Tres lectas, ternis manibus, tria pensa tenentes,
  Jussisti leges ducere Perchiacas.
Nunc tu Juppiter es terris, cui stamina Parcæ
  Tres, Tullus, Violus, Faïus, ista trahunt:
At vos Perchigenæ, vestras nunc credite leges
  Non hominum, magni jussa sed esse Jovis.
Nec vos Perchales, vestras sed dicite leges
  Parcales, nevit quas sua Parca Jovi.

PETRI DVRANDI NOGENTINI
ad Turbas Perticeorum.

Cedite jam, Turbæ, sumptus, periuria, lites,
  En nova lex pacis, vestra ruina, viget.
Ite alio procul hinc, nulla hîc occasio rixæ:
  Omnia sunt stabili jura redacta fide.
Aurea jam dudum expectata renascitur ætas,
  Libertas patriæ mortua, viva redit.
Qui Lacedæmoniis leges & jura Lycurgus
  Condidit, humanæ condidit artis ope.
Qui legem hanc fixere novam, nostrisque redactam
  Moribus, afflatu constituére Dei.
Faïus, & Violus fratres, Præsesque Thuanus:
  Nescio quid magni, numinis instar, habent.
Fœlix Nogentum, & fœlici sydere nati
  Cives, qui tanti caussa fuére boni.
Tû que Ursine * pater patriæ, primarius author,
  Hoc tibi nam acceptum Pertica Musa refert.
Inclyta Nobilitas, Ecclesia, Rustica proles,
  Vobis hæc nova lex omnibus una datur.

O D E
PAR LE MESME R. BELLEAU.

O Terre, en qui j'ai pris naissance,
Terre, qui ma premiere enfance
Alaictas de ton cher tetin;
Mais helas, qui ne me fus guére
Ny mere nourrice, ny mere,
Me trainant ailleurs le destin.

Toutesfois je m'estime encore
Heureux, que mon labeur t'honore,
En te rendant comme je puis,
Par une si basse escriture,
Le payement de la nourriture
Qu'autrefois dedans toy j'ai pris.

    O Terre trois fois genereuse,
Terre gentille & bienheureuse
D'escouter tant de doctes voix,
Qui chantent l'honneur de ta gloire,
Et sus le marbre de memoire
En gravent tes premieres loix.

    Et te ont changer de visage,
Dépouillant ce masque sauvage,
Et ce langage forestier,
Qui sentoit encor la rudesse
De cette brutale vieilleße,
Dont vivoit le siecle premier.

    Qui n'avoit éprouvé l'eschange
D'Achelois, ny le doux meslange
Du just pourpré de raisins meurs,
Ny veu Cerés à treße blonde,
Ny les flots écumeux de l'onde,
Ny de Mars les chaudes fureurs.

    Avant qu'Apollon, ou Mercure
Eußent mis nouvelle ceinture
Aux flancs des premieres Citez,
Et touchant leur lyre cornuë
D'une musique non cognuë,
Eußent les marbres erchantez.

    Alors que la lyre Thebaine
Attiroit les rochers sans peine,
Et les caillous en sautelant :
Deßous le tremblement du pouce,
Dançoient de gaillarde secouße,
En nouveaux murs s'amoncelant.

    Tant fut cette entreprise brave,
Qu'en peu de temps la mer qui lave

Le Soleil mourant sur le soir,
Et celle qui le voit ranaistre,
De la loy virent apparoistre
Combien grand estoit le pouvoir.

Et comme sous l'ombrageux voile,
Puis une, puis une autre étoile,
Puis mille & mille en un moment,
Ou comme l'heure printaniere,
Couvre la terre nourriciere
De mille fleurs diversement.

Aussi tost à ces loix civiles
On vit les Citez & les Villes
Croistre en Palais audacieux,
Tant que leur superbe apparance
Sembloit porter une arrogance
De vouloir défier les Cieux.

Seule restoit notre Contrée
De toutes, que la belle Astrée
N'avoit imprimé de ses pas,
Ne nous reglant de sa police,
Ou pour notre humaine malice,
Ou pour ne la cognoistre pas.

Mais aussi tost que Calliope
Eut amené sa belle troppe
Dans Nogent & que sous le bruit
Du petit Ronne qui murmure,
Eut ballé dessus la verdure
De nos bords, aux rais de la nuit.

Lors Nogent se fit la montagne,
De Parnasse, & non pas Mortagne,
Ny Bellesme, qui n'ont en soy
L'honneur d'avoir reçeu les Muses
Ny tant de Coustumes confuses
Rangé sous l'ordre de la Loy.

TABLE

DES MATIERES DE LA COUTUME

DU GRAND-PERCHE.

Fin de la Table.

Fautes ſurvenuës dans l'impreſſion.

Page 43 Article CLIII. *premiere ligne*, Les freres de pere ou de mere, *liſez* Les freres de pere & de mere.

Page 56 Ni auſſi à lots & ventes, *cette Note eſt pour l'Article* CXCVII. *& on l'a miſe à l'Article* CXCVIII.

A MANTE , de l'Imprimerie de F. Le Tellier, près Saint Macloud. 1737.

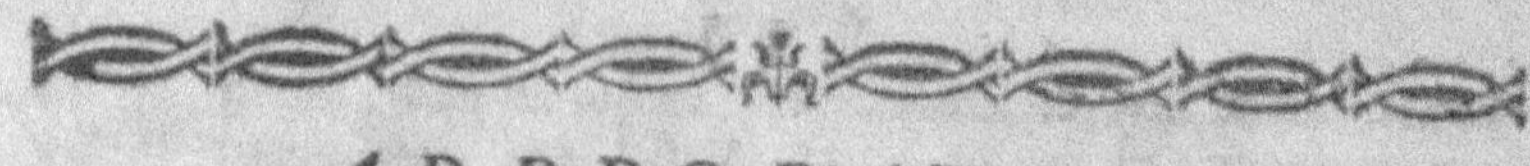

APPROBATION.

J'Ai examiné par ordre de Monseigneur le Chancelier les *Coûtumes des Pays, Comté & Bailliage du Grand-Perche, &c. avec les Apostilles de Dumoulin, &c.* & je n'ai rien trouvé qui puisse empêcher la réimpression. A Paris ce 21 Mars 1737.

R A S S I C O D,

PRIVILEGE DU ROY.

Louis par la grace de Dieu, Roy de France & de Navarre ; A nos amez & feaux Conseillers, les Gens tenans nos Cours de Parlement, Maîtres des Requêtes ordinaires de notre Hôtel, Grand Conseil, Prevôt de Paris, Baillifs, Sénéchaux, leurs Lieutenans Civils, & autres nos Justiciers, qu'il appartiendra : Salut ; notre bien-amé Nicolas Doublet Libraire à Chartres ; Nous ayant fait supplier de lui accorder nos Lettres de Permission, pour l'impression d'un Ouvrage qui a pour titre *Coustumes du Perche*, offrant pour cet effet de le faire imprimer en bon papier & beaux caracteres, suivant la feuille imprimée & attachée pour modele, sous le Contre-scel des Presentes ; Nous lui avons permis & permettons par ces Presentes de faire imprimer ledit Ouvrage ci-dessus specifié, conjointement ou separément, & autant de fois que bon lui semblera, & de le vendre, faire vendre & débiter par tout notre Royaume pendant le tems de neuf années consecutives, à compter du jour de la datte desdites Presentes : Faisons défenses à tous Libraires, Imprimeurs & autres personnes de quelque qualité & condition qu'elles soient d'en introduire d'impression étrangere dans aucun lieu de notre obéïssance : A la charge que ces Presentes seront enregistrées tout au long sur le Registre de la Communauté des Libraires & Imprimeurs de Paris, dans trois mois de la datte d'icelles;

que l'Impreſſion de cet Ouvrage ſera faite dans notre
Royaume & non ailleurs, & que l'Impetrant ſe confor-
mera en tout aux Reglemens de la Librairie , & notamment à celui du dix Avril 1725. & qu'avant que de
l'expoſer en vente, le Manuſcrit ou Imprimé qui aura
ſervi de copie à l'impreſſion dudit Ouvrage, ſeront remis
dans le même état où l'Approbation aura été donnée,
és mains de notre très-cher & feal Chevalier, le Sieur
Dagueſſeau Chancelier de France, Commandeur de nos
Ordres, & qu'il en ſera enſuite remis deux Exemplaires
dans notre Biblioteque publique, un dans celle de notre Château du Louvre, & un dans celle de notre très-
cher & feal Chevalier, le Sr. Dagueſſeau Chancelier de
France, Commandeur de nos Ordres, le tout à peine de
nullité des Preſentes ; du contenu deſquelles vous mandons & enjoignons de faire joüir l'Expoſant ou ſes ayans
cauſes, pleinement & paiſiblement, ſans ſouffrir qu'il leur
ſoit fait aucun trouble ou empêchement. Voulons qu'à
la copie deſdites Preſentes qui ſera imprimée tout au long
au commencement ou à la fin dudit Ouvrage , foi ſoit
ajoûtée comme à l'original. Commandons au premier
notre Huiſſier ou Sergent de faire pour l'execution d'icelles , tous actes requis & neceſſaires , ſans demander autre
permiſſion , nonobſtant Clameur de Haro, Chartes Nor-
mandes & Lettres à ce contraires : Car tel eſt notre plaiſir.
Donné à Paris le vingt-quatriéme jour de May, l'an de
grace mil ſept cens trente-ſept, & de notre Regne le
vingt-deuxiéme Par le Roy en ſon Conſeil.

Signé, SAINSON Et ſcellé.

*Regiſtré ſur le Regiſtre neuf de la Chambre Royale des
Libraires & Imprimeurs de Paris N°. 469. fol. 438. con-
formement aux anciens Reglemens, confirmez par celui du
28. Février 1723. A Paris le 25. May 1737.*

G. MARTIN Syndic.

9 782329 224299